U0624634

诺米出蒸 2

刘家辰 著

中国海洋大学出版社
·青岛·

图书在版编目（CIP）数据

诺米出蒸 . 2 / 刘家辰著 . — 青岛：中国海洋大学出版社，
2022.7

ISBN 978-7-5670-3207-1

Ⅰ . ①诺… Ⅱ . ①刘… Ⅲ . ①作文课—小学—教学参考
资料 Ⅳ . ①G624.243

中国版本图书馆CIP数据核字（2022）第118676号

诺米出蒸 2　NUOMI CHUZHENG 2

出版发行	中国海洋大学出版社
社　　址	青岛市香港东路23号　　邮政编码　266071
出 版 人	杨立敏
网　　址	http://pub.ouc.edu.cn
订购电话	0532-82032573（传真）
责任编辑	董　超
照　　排	青岛光合时代传媒有限公司
印　　制	青岛国彩印刷股份有限公司
版　　次	2022年8月第1版
印　　次	2022年8月第1次印刷
成品尺寸	150 mm×218 mm
印　　张	13.5
印　　数	1~3000
字　　数	137千
定　　价	48.00元

如发现印装质量问题，请致电0532-58700166，由印刷厂负责调换。

儿童文思泉涌的秘密

孙云晓

非常感谢家乡青岛的"10后"女孩诺米（刘家辰），借助她那支神奇无限的笔，我第一次对中低年级小学生的生活有了形象生动的了解。从《诺米出蒸》到《诺米出蒸2》，两部儿童习作集就像童年生活的万花筒，其强大的魅力让我犹如返老还童，以一个小孩子的心灵与视角，感受着无尽的惊奇与欢乐。

细想一下，诺米的文字为什么妙趣横生？或者说，这个10岁女孩的文字初步形成了哪些特点？或许可以概括为如下三点。

第一，童心绽放，不拘一格。诺米虽然是三个弟弟妹妹的姐姐和学生干部，却绝不是成人化的古板孩子，而是一个童真满满、喜欢玩闹的小精灵。她富有想象力，竟然把湿衣服放进微波炉试图快速烘干；她还偷偷剪开蚕丝被，抽出一些蚕丝用火烧、用水泡，只为验证是不是真的蚕丝。

第二，童言童语，风趣幽默。诺米极其喜欢班主任车老师，笔下却很少仰视的赞颂之词，而总是以平等的视角写师生关系，例如写如何与老师斗智斗勇，将她与同伴们五花八门的"招术"描写得淋漓尽致，字里行间充满儿童式的机智与乐趣。诺米与父母感情深厚，却喜欢用诙谐幽默的文字来写父母的挚爱和艰辛，也会写出父母的纠结与无奈。

第三，热爱生活，积极乐观。许多调查研究都证明，小学生的学业负担沉重是个长期存在的顽疾。可是，诺米的生活既忙忙碌碌也自由自在，她总是爱着她的学校与家庭，似乎对每一天都有无限期待，每一刻都会爆发快乐，每个人的故事都对她具有吸引力。当然，从诺米描写校园生活的方方面面来看，青岛市崂山区实验学校的确是一所重视素质教育的学校，也是儿童友好型学校。如果用两个词来概括诺米的心理特点，那就是"幸福"和"乐观"。

诺米9岁出版了习作集《诺米出蒸》，而10岁又出版《诺米出蒸2》，其写作的状态好似山泉喷涌，大有源源不断之气势，给人惊喜也令人惊叹。于是，我就一直试图破解一个谜一样的问题——是什么让一个儿童文思泉涌？在本书的《人生第一次》里，诺米描述了《诺米出蒸》首发式的热烈过程，其中，班主任车林琳老师的一番话可谓道破天机："诺米同学有今天这'一笼糯米团'出蒸，因为她是一个生活的有心人。每一个美好的事物就像我们生活长河当中的一颗闪光的宝石，在闪着光。诺米呢，能把这漫天的宝石都撷取下来，放在这一笼当中，成为人生路中能够照亮自己的光源，能让我们每个人循着光发现生活中更美好的东西……"

最熟悉诺米写作路程的车老师用一句"生活的有心人"，道出了写作好的重要秘诀。读诺米行云流水般的有趣文章，我禁不住感慨万千：究竟是什么人用什么方法将诺米培养成为"生活的有心人"呢？谁都知道，许多小学生都害怕写作文，即使写作水平较高的孩子，也常常感觉小学生活单调，没有丰富的素材好写。为什么诺米却如进宝山、似临大海，素材取之不尽、用之不竭？我曾经向诺米确认过，她笔下的文字90%都是真人真事，只有10%为艺术虚构。细想一下更是难以置信，她怎么会记住那么多一波三折的细节？难道她坚持写详细的日记吗？

某个周末，我在颐和园散步时还在思考这个疑问，并随即将这些疑问用微信向诺米和她妈妈提出。她妈妈说诺米愿意自己来回答。于是，

我收到了诺米长长的留言。她写道:

我的"武林秘籍"是什么呢?其实我哪有什么秘籍呀,我一直都感觉每天的生活非常有趣,每天都不一样,我对每天都充满了期待。以前爸爸妈妈每天都会问我:诺米,今天有哪些收获啊?有没有开心的或者不开心的事情啊?在和爸爸妈妈的分享中,我知道我每一天都很美好,开心也罢,郁闷也罢,都组成了我美好的生活的一部分。我想,这就是我最初的"说生活"。

后来我慢慢长大,已经习惯了每天"说总结"。第一次突发奇想,尝试着把说的总结记录下来的那天,我把日记发给了车尔摩斯(即班主任兼语文老师)。从此,在车尔摩斯的"忽悠"中,"说总结"变成了写随笔。车尔摩斯会鼓励我动笔,会经常催更,会教我怎么写得更好。所以,写随笔坚持了下来。

再后来,可能因为又长大了一岁,我接触的事情慢慢多了,我发现我的生活更丰富多彩,更有挑战性了。我觉得我很幸福呀。您看,有陪着我观察一朵小花盛开、观察一只蜘蛛织网的爸爸妈妈;有陪我欢笑陪我苦恼的弟弟妹妹;有鼓励我批评我、爱我教我的老师们。我还在一个温暖、有很多小伙伴、多姿多彩的学校里成长。所以,我爱我生活的每一天,我愿意去记录每一天的酸酸甜甜。

关于我一再询问的如何记住诸多细节的问题，她说：

> 我会随时写下来。比如《作没的竞选》那篇，就是在发生当天完成的。发给车尔摩斯的时候，车尔摩斯的回复是："神还原。"时间久了容易忘呀，要是当天没有时间全部完成，我会把细节简单记录，然后一周之内肯定会完成。

我之所以如实记录下这段对话，因为这对于广大的小学生及其父母和教师极有益处。也就是说，这段对话揭开了儿童文思泉涌的秘密，并提供了具体的操作方法。

对于初学写作的儿童来说，父母坚持与孩子在一起"说生活"，就是最好的启蒙与引导。因为小学生往往愿意与父母说校园生活，如果父母愿意听并加以引导，孩子才可能认清生活、热爱生活。读写之间说为桥，知道说什么和怎么说，就等于掌握了写什么和怎样写。将孩子说的录下来再整理成文章，也是突破写作难题的有效方法。

诺米从"说生活"到"说总结"是一个提升，总结就是画龙点睛，就是提炼出生活的价值和意义，自然是一个飞跃。在老师的建议下，将"说总结"发展为写随笔，并且不断完善谋篇布局的笔法，这就进入了更具突破意义的写作轨道。随笔的价值在于随时随地记下细节与灵感，妈妈曾经把诺米的习作精心装订成册，名为"诺学琼林"，并打印出来，这种做法对于激励孩子坚持写作颇有益处。

近年来，国家在倡导家校协同育人，这是现代教育的必然要求。诺米之所以能在写作的道路上小试牛刀，就是家校携手育人的结果。不应该将写作仅仅理解为语文课的任务，实际上，培养写作能力更为紧要的是人生观、价值观和世界观的引领，这是实现立德树人根本任务的重要途径。从诺米五彩缤纷的笔下，我们可以看到真善美的勃勃生机，这就是希望所在。

早在1980年8月时，我是《中国少年报》的一名年轻编辑，有机会接待著名儿童文学作家任溶溶，心怀文学梦的我自然会经常向这位名家请教如何写作。临别时，任溶溶老师送我一句话："动者恒动，一定要写起来！""动者恒动"据说出自牛顿第一定律，讲述惯性的原理。任溶溶老师赠言的意思是要坚持写作并形成习惯，这才是学习写作的最佳方法。在这里，我将"动者恒动"四个字转赠诺米，希望她能够长期坚持写作和不断探索创造，这必将令她终身受益。当然，这番话也愿意与所有喜欢写作的朋友分享。

2022年7月2日于北京云根斋

孙云晓

中国青少年研究中心家庭教育首席专家、教育部家庭教育指导专委会副主任委员、首都师范大学特聘教授、中国作家协会第五届至第九届全国委员会委员、儿童文学委员会委员，文学作品有《夏令营中的较量》《16岁的思索》《金猴小队》等。

诺米

车尔摩斯

田甜圈

米大弟

米小·弟

米小·妹

诺米妈

唐果果

笑嘻嘻

王卜卜

黄小瓜

李大侃

袁圈

王小帅

张小山

周周

目录

元气满满开学季

不知不觉，空气中的热气渐渐消退，开学也进入倒计时。诺米妈脸上一天天增多的笑容，显示着她的好心情：神兽即将回笼，终于看到了希望的曙光。但是在诺米和"三小只"面前，诺米妈却又要按捺住那份喜悦，装出依依不舍的样子。

不管是母慈子孝还是鸡飞狗跳，总之，暑假生活彻底结束，元气满满的开学季近在眼前！

一、入学准备

桌上小小的蛋糕散发着香甜的味道，只看上一眼便让人满口生津。今年，弟弟妹妹也要跨入小学生的行列了，向来仪式感满满的诺米妈照例买来入学蛋糕庆祝。

与三年前诺米妈帮诺米做入学准备不同，这次，诺米接过接力棒，负责帮助弟弟妹妹调整入学前的状态。

"铅笔、橡皮、尺子、画笔都有了！"一向活泼的米小弟率先说道。哟，自己准备得还挺齐全，不过不发现点问题，怎么能显示大姐的威风呢！"这些文具都放哪里了？有笔袋吗？"诺米继续问。"我们有笔袋！"沉稳的米大弟从书包里掏出笔袋举到诺米面前。

低头这么一看，诺米乐了！原来，诺米妈给弟弟妹妹准备的所有东西都一模一样。一样的书包，一样的笔袋，一样的各色文具，一样的保温杯，还有一样的鞋子！这……这……每天早上匆匆忙忙上学，他们真的不会背错书包穿错鞋吗？

好不容易止住笑，诺米又关心起"三小只"的生活习惯。说起这个话题，诺米摆出大姐范儿，细数自己跳过的无数坑："姐姐的经验很重要，你们一定要记牢。晚上睡觉前，书包整理好，衣服提前放好，按时起床不迟到，讲礼貌也很重要，见到老师要问好……好了，下面是自由提问时间。"

原本还齐刷刷点个不停的三个小脑袋，一听可以自由提问，瞬间精神头儿更足了。"姐姐，你们一年级开学的第一天，老师们都讲了什么？"米小妹很给面子地问了一个诺米擅长的问题。

诺米装模作样地思考了一下，慢悠悠地说："时间很久远，让我想想看。车尔摩斯讲了一节课的规矩，还教我们说'大眼睛，看老师。五六七八，闭上嘴巴。手放下，嗨'的口号，当时觉得真好玩，喊得可响亮了。不过，二年级喊声就少了很多，三年级压根就没人大声喊这么幼稚的口号了。数学老师呢，第一节课教我们写数字；英语老师第一天没有课。"

"姐姐，老师们是不是都很温柔漂亮，和车尔摩斯一样和蔼可亲？"米小弟插话，"我们报到时，中间的老师很慈祥，左边的老师很漂亮，右边的老师特温柔。原来，老师们这么好。"听完这句话，诺米回忆着三年前第一次见到车尔摩斯时的场景，那时的诺米和今天的米小弟一样，觉得车尔摩斯特别温柔、亲和力满格。现在想想，自己是多么天真啊，后来的无数事实告诉诺米，他们刚踏进校门的前两个月，是车尔摩斯持续温柔时间最长的日子。不过，这些"成长之痛"还是留给弟弟妹妹自己去感悟吧。想到这里，诺米笑着告诉米小弟："小弟，你想多了，不过车尔摩斯看起来确实很温柔可亲哦！"如果米小弟仔细听的话，一定能听出来姐姐口中"看起来"三个字那咬着牙的重音，好像意有所指。絮絮叨叨了一会儿，想起明天的开学典礼，诺米打着哈欠把自己有限的入学经验倾囊相授。

终于躺进了温暖的被窝，诺米迷迷糊糊中说道："姐姐领进门，修行在个人。希望你们能喜欢学校，莫向光阴惰寸功哦。"

二、开学收获

期盼中，开学的日子如约而至。诺米被选为开学典礼的主持人，兴奋中带着一丝遗憾——不能送"三小只"到班级了。

伴着清晨的朝阳，迈着轻快的脚步，诺米一大早就被诺米妈送到了车尔摩斯手中。开学典礼的主持人需要化妆，这下，一向万事不在话下的诺米妈被难倒了。昨天她问车尔摩斯怎么办时，车尔摩斯自信满满地回答："我会！"惊得诺米差点跳起来——可从来没看到车尔摩斯化过妆，真的靠谱吗？

在诺米妈带着"三小只"一路闯关报到时，诺米的脸也被"折腾"好了。在车尔摩斯的连连催促中，提心吊胆的诺米先让眼睛露出一条缝，白茫茫的好像什么也看不到。再大点，再大点，咦，镜子中一脸清清爽爽妆容的小姑娘是谁呢？自己笑她也笑，自己咧嘴她也咧嘴。哦，原来是可爱的诺米啊！万万没想到，一向勇猛有加、温柔不够的车尔摩斯竟有这样一双巧手，真是新学期的意外之喜！

站在熟悉的舞台上，望着台下端坐的老师和同学们，诺米顶着车尔摩斯塑造出的一张完美无瑕的脸蛋儿，从容地主持着新学期的开学典礼。

三、开学几把火

都说"新官上任三把火"，虽说新学年和上学年一样，老师还是原班人马，可诺米和小伙伴们依然感受到了来自"旧官"的好多把火。

丁零零！上课铃响起，大家顾不上玩闹，赶紧正襟危坐。要知道，开学第一节课可一向都是车尔摩斯的课，谁敢造次？静悄悄的教室，大家都等待着新学期和车尔摩斯的第一次见面。

嗒嗒的脚步声传来，诺米也和小伙伴们一样，伸长脖子望去，却没有看到熟悉的圆润的身影，出现的是英语王暖暖老师。顿时，原本安静的教室像早晨的菜市场一般热闹起来。

"咦，车尔摩斯哪里去了？"这是疑惑的。"吓死我了，终于

能逃过一劫了！"这是作业没有完成的。"上英语课？我没有带英语书！"这是粗心大意的……各种声音此起彼伏。

喧闹中，王暖暖老师转头扫视教室："你们刚才以为是车尔摩斯的课，安安静静的，怎么我一进门就成菜市场了？全体起立！站一分钟静静心。"啊？摸不着头脑的众人下意识地听从指令站了起来，诺米也不敢磨蹭。唉，看来王暖暖老师在新学期也要改变"温柔"的角色定位啊，大家自求多福吧！

还没等诺米从王暖暖老师的转变中回过神来，数学课如期而至。

数学倪老师拿着教案准时出现在讲台上。荣幸荣升至第一排座位的诺米，托着脑袋，盯着倪老师完美的下巴上下舞动。"我们先来说作业改错的情况。错题不可怕，改错很重要！但到今天，还有同学没把改错发给我。你们不知道改错比做新题更重要吗？还有诺米，四道计算题错了俩，还总是五花六花的，你在想什么呢？"倪老师甜美的嗓音把出神的诺米拉回了现实。"花？什么花？我没有花啊？五六朵花？"诺米一头雾水，决定下课后去请教一下"万事通"车尔摩斯。

车尔摩斯很不"仗义"，不但认同倪老师的评语，还狠狠追加了一顿思想教育，然后才说就不继续往诺米伤口上撒盐了。诺米在心里暗暗吐槽："车尔摩斯，难道您刚才撒的是糖吗？"后来，在车尔摩斯的讲解下，诺米一脸震惊，原来倪老师说的是青岛方言，此花并不是自己想的花，而是另外的

"花"！

新学期第一天，诺米给自己增加了一项新任务——学习家乡话！

正当大家猜测着什么时候能见到亲爱的车尔摩斯时，咔噔咔噔的高跟鞋的声音从走廊传来。同学们纷纷抬头，这一看可不得了，百年难得化妆的车尔摩斯戴着珍珠项链、身穿旗袍闪亮登场。巧笑倩兮，美目盼兮，宛如从画中走来的仙女。"哇哦！"小伙伴们异口同声的惊呼声响起。正迈步登上讲台的车尔摩斯一愣神，弯弯的柳叶眉轻轻上扬，红润的嘴唇微张，好像在说："这反应不对啊！"她用平日里挥舞粉笔的手秀气地轻摆："大家的反应不给力，这不像惊艳，倒像起哄！重来一次！"说着，便迈着不常有的小碎步退出教室。

　　咔噔咔噔的高跟鞋的声音再次响起，这次还没等车尔摩斯登上讲台，"哇！""车尔摩斯太美了！""一顾倾人城，再顾倾人国！"各种赞叹声此起彼伏。听懂了潜台词的小伙伴们还是很会捧场的！车尔摩斯脸上的笑容比刚才更灿烂了，迈着更加优雅的步伐走上讲台。一节课不见如隔三秋的车尔摩斯张口就给大家带来了个好消息："新学期新畅想，开学第一天给大家带来一个惊喜，想不想知道？"

　　沉浸在车尔摩斯神奇化妆术中的诺米猛然惊醒，觉得车尔摩斯的"惊喜"还是不要为好。如果真是惊喜当然值得欢呼，怕就怕空欢喜一场，惊喜变惊吓。想归想，诺米的耳朵还是不由自主地竖了起来。"我们这学期积累加油章，积够十五个加油章，可以换一个心愿。"诺米也不知道车尔摩斯说了多少规则，灌进耳朵的就只有这一句话，还带了三个回声："一个心愿……心愿……愿……"车尔摩斯竟然大发慈悲地发明了这等好事？诺米觉得自己一定要多多努力，十五个加油章，毛毛雨啦！到时候把加油章摆在车尔摩斯面前，说出自己的心愿：免除这周的作业。当然，一定要找一个作业最多的周末！诺米想着、梦着，车尔摩斯的这把火让她浑身干劲儿十足。

　　要说这另一把火，诺米着实有点无奈。就在刚才，车尔摩斯下达了新的指令——这学期办内外展板不许花钱，一分钱也不行！

　　这个消息实在不友好。对于想要淘各种半成品偷懒的诺米，更是一个晴天霹雳，惊得诺米说不出话来。她忽然像是想到了什么："您这是'只许州官放火，不许百姓点灯'，欺负我们啊！前天您还说我们剪的卡纸不好看，要买一些便利贴贴上祝福语，美观大方。"似是在思考，又像是肯定，车尔摩斯一边捧着保温杯，一边慢悠悠地说："这是欺负吗？这叫降维压制。"诺米两眼一瞪，嘴巴气鼓鼓的说不出话来，越看车尔摩斯越觉得她像办公桌上新添的摆件——一只跳舞的小猫咪！好吧，只要车尔摩斯高兴，大家只好再去想办法。要是想不出办法，那就赖着车尔摩斯想办法。

　　不管是为"三小只"做准备，还是几把火烧到眉毛，诺米都觉得开学很快乐。因为，日历上说，过不了多久就是中秋节和国庆节了，又可以尽情撒欢喽！

造句趣事（上）

　　开学第二天，时间依旧过得很快。诺米和弟弟妹妹背着书包，排成一串回到家。

　　叽叽喳喳热闹地吃过晚饭，诺米爸看看诺米，又看看"三小只"，决定暂时"抛弃"升入四年级的诺米，先问问"三小只"新入学的感受。

　　沉稳的米大弟看看正跑神儿的米小弟和完全不在状态的米小妹，决定自己出马给爸爸答疑解惑："我们都很开心，见到了很多和车尔摩斯一样温柔和蔼的老师，语文老师还给我们留了任务呢。"

　　"什么任务？"诺米爸好奇地追问。

　　"老师让我们练习造句，用什么天上、什么地上来造句。"突然回神儿的米小弟张口就来。还没等诺米想明白什么天上地上的，米小妹看大家说得热闹，便也围上来补充道："是用'天上有什么，地上有什么'造句。"

　　诺米爸听明白了，原来是这样的造句啊，那便开始吧！

谁先来？没人主动？那就按照长幼来。米大弟先说："天上有繁星点点，地上有万家灯火。"诺米一听眼睛亮了，没想到啊，米大弟都会活学活用了，这不是前两天刚在书上看过的句子嘛。接下来该是米小弟了，却见他摆摆手，指着自己的小脑袋，示意还没想好。诺米大感不解：这么简单的造句，一向机灵的米小弟怎么需要想这么久？难道憋着什么大招儿不成？想到这里，诺米对米小弟的造句充满了期待。

跳过米小弟，米小妹先上："这个容易，天上有闪烁的星星，地上有广袤的草原；天上有白云朵朵，地上有绿草青青。怎么样，不错吧？"说完，米小妹还不忘装作翘起自己的孔雀尾巴转上两圈。诺米爸及时伸出大拇指给予赞美，诺米忽然觉得升入一年级的米小妹也长大了。

大家说完又齐刷刷看向米小弟，用眼神询问："这么简单，还没想出来吗？"米小弟完全无视大家的眼神，双手背在身后，晃着小脑袋，慢悠悠说道："天上有一行白鹭上青天，地上有两个黄鹂鸣翠柳。"米小弟潇洒地说完，诺米爸拍掌称赞："米小弟你果然遗传了为父我当年一分才思，两分不羁，不错不错。"米小弟一听老爸这一通自我表扬中自己还稍微占了那么一点位置，得意地挑起眉毛：自己必须要再接再厉，一鸣惊人，再鸣更惊人啊！

看着又陷入思索的米小弟，一旁的诺米不知想到了什么，嘴角露出一抹坏坏的笑容，还没说话自己就先笑了起来："我知道这句话还可以怎么对，天上有一行白鹭上青天，地上有一群老鼠打地洞，哈哈，是不是特别完美？一行对一群，白鹭对老鼠，上青天对打地洞，对仗工整，满分！""三小只"听完也顾不上思考造句了，一个个哈哈大笑起来，诺米爸在一旁哭笑不得：说好的以姐姐为榜样呢！

　　笑声中造句还在继续，只是这句子怎么越来有味道了呢？你听，诺米爸出上联：天上有晴空一鹤排云上。米小弟答：地上有红烧鸡翅盘空空。诺米爸再出：天上有长风万里送秋雁。米大弟对：地上有一瓶可乐上高楼。诺米爸又出：天上有大鹏展翅扶摇万里。米小妹对：地上有小鸡蘑菇香飘满屋。

　　诺米说："老爸，还是要看我的！地上有挑灯夜读闻鸡起舞。"

　　诺米爸："棒！"

造句趣事（下）

　　各位小看官，是否还记得《诺米出蒸》中《你的童年，我的童年，好像不一样》里面，诺米的著名造句——我们的语文老师车尔摩斯，又白又圆，就像刚出锅的大馒头。学生是好学生，句子也没毛病，虽然不是特别、十分恰当，但瑕不掩瑜是不是？只是诺米没想到同学们自从读了这本书，这个造句就像一滴水滴进了热油锅中，噼里啪啦引起轩然大波。

　　这不，周五下午，车尔摩斯看着刚刚收上来的语文作业中那些引人瞩目的造句，直怀疑是不是自己最近太好说话了。看着一进教室门就面色不佳的车尔摩斯，台下刚才还是一片欢乐的小伙伴们顿时鸦雀无声。

　　安静片刻，车尔摩斯终于发话："我发现你们的造句越来越好了。听听这个——'车尔摩斯特别凶狠，即使最调皮的学生，也会被她驯服得像一只小猫。'这是哪位的大作？站起来我看看。"话音刚落，大家就你看看我，我看看你，就是无人认领。过了一会儿，终于响起了椅子摩擦地面的吱呀声。诺米回头一看，王小帅慢吞吞地站了起来。怪不得造句还"夸赞"车尔摩斯教导有方，原来是车尔摩斯的崇拜者啊。

"王小帅，你来说一下，为什么喜欢用老师来造句呢？"车尔摩斯尽量温柔地问。好像过了半个世纪那么久，诺米也没听到王小帅的答案。车尔摩斯也不为难，接着又喊一个名字："李大侃，你来解释一下这个造句——'即使车尔摩斯再批评我，我也要调皮。'"李大侃一听被点名了，嗖的一下站了起来。诺米感觉李大侃不知是有意还是无意，深深地看了自己一眼。"老师，这不是上次听过诺米的造句，我们都感觉用您当主角来造句特别有意思，然后大家就都模仿了起来。您看，我们学得还可以吧？语法都没有错误吧？"听到李大侃如此解

释，诺米深感自己交友不慎——李大侃啊，你怎么就不能学学人家王小帅，你这哪有平时为同学"拔刀相助"的豪气，你这简直是拿同学"开涮"！

车尔摩斯绷不住笑了。看着手里还没有点名的几个造句，什么"虽然车尔摩斯很厉害，但是也抓不到我这个小天才"，什么"车尔摩斯不但可爱，而且像一只黑、棕、白三色相间的跳舞小猫咪"……车尔摩斯决定不再继续翻下去了，她怕自己被句子里的车尔摩斯给气着。

"诺米，你重新给大家做个榜样，再造一个句子。造不好周末作业加倍！"啥？被点名的诺米一脸懵，这引领造句风潮的重担咋又落在自己头上了？不过这是不是说明车尔摩斯给自己重新改过的机会了？万千念头瞬间涌入诺米的脑海。诺米觉得自己这个造句关系到创造力十足的小伙伴们的周末。造什么句子好呢？

周末？有了！诺米张口就来："周末没有作业，这不是真事儿，而是幻想。"说完，还得意扬扬地冲车尔摩斯眨眨眼，好像在说："看，这句子既有诺米特色又完全符合您让大家写作业的愿望，多棒啊！"只是接下来车尔摩斯的一句话瞬间浇灭了诺米所有的自得——"句子很好，但知道是幻想就别想了。下面留周末作业……"

苍天啊，车尔摩斯绝对是把大家创意造句的"锅"扣在了自己头上，看来以后借用车尔摩斯来当主角必须要三思而后行啊！

《山海经》奇妙游

"有这样一本书，隐藏着数不尽的谜团，被称为'天书'；有这样一本书，讲述着最古老的神话经典；有这样一本书，区区三万多字，却涵盖地理、物产、巫术、宗教、古史、医药、民俗、民族等领域……"教室中传来"忽悠组合"铿锵激昂的声音，这是在做什么？

一、突如其来

这件事啊，还要从头说起。半个月前，车尔摩斯要求大家认真阅读《山海经》，要在班内开展一次"《山海经》的神奇之旅"读书会。消息发布后，大家很是兴奋，都摩拳擦掌，思考着怎样来完成这场旅程。要知道，这本书诺米读过——当然是学生版的，而原著不要说内容，就算上面的字，诺米都有一大箩筐不认识。正当诺米再次徜徉在《山海经》中不亦乐乎时，车尔摩斯从天而降的信息打破了这份欢喜。

原来，经过半个月的阅读，车尔摩斯认为是时候检验大家的学习成果了，便心血来潮要求第二天就开始"旅程"，而因为同学们对读书会方案尚不熟悉，需要最熟悉方案的诺米来主持第二天的读书会活动。接到任务，诺米瞬间一个头两个大！车尔摩斯啊，您开始"旅程"没问题，反正大家都已经跃跃欲试了。可是您说作为主持人是不是需要主持词？是不是需要提前找好搭档？是不是需要演练两遍呢？望着一脸淡定的车尔摩斯，诺米的脑袋空空一片。

怎么办？能怎么办，抓紧准备呗！看着眼前神兽部分的资料，诺米陷入了沉思：主持词到底怎样写才既能传递知识又生动有趣呢？用异兽葱聋开场？它的名字和作用的差别也太大了。咦，这不就是车尔摩斯的写照吗？看起来是非常温柔可亲的，实际……好了，葱聋神兽的引导词搞定！都说万事开头难，有了线索，诺米接下来的主持词写得就顺利多了。《山海经》之旅，我诺米骑着神兽来啦！

二、拉开帷幕

诺米想着也许车尔摩斯会和以前的读书会一样，首先为大家介绍什么是《山海经》。谁知，车尔摩斯这次完全不按常理出牌——第一次演讲的标题定为"《山海经》中的神兽"，这可比诺米想的题目有趣多了。《山海经》中大家最爱看的，除了神话故事，就是这些让人浮想联翩、眼界大开的奇珍异兽了。什么人面的兽，九头的蛇，三脚的鸟，生着翅膀的人……简直是进入了另外一个世界，要多神奇就有多神奇。

激动过后，诺米又发现了一个问题——讲神兽，自己是第一个上台的！为什么呢？因为诺米同学在向大家展示如何报名接龙的时候，把自己的姓名加上演讲主题作为示例放到了第一个。可万万没想到的是，划分了那么多种类，什么神兽篇啦，神话篇啦，神秘国篇啦，诺米所在的体育部偏偏就选择了排名第一位的神兽篇。而按照报名顺序排列，诺米又是神兽篇的第一个报名选手。正正还得正，作为示例的诺米率先打响神兽篇第一炮！

这对于一向钟情于各种神兽的诺米来说，难度系数几乎可以忽略不计。从白虎到白泽再到穷奇，诺米用三位神兽的故事开启了接下来一个月的《山海经》"旅程"。

三、意外频发

"手卡呢？我的手卡呢？"诺米看着墙上的电子表，欲哭无泪。演讲马上就要开始了，主持手卡却不翼而飞，这可怎么办？

诺米求助地看向站在教室后排的车尔摩斯，可是热心肠的车尔摩斯此刻却耸耸肩，双手一摊，表示爱莫能助。

上课铃声准时响起，也意味着今天的演讲马上开始。可手卡还是躲得无影无踪。车尔摩斯直接开口道："诺米，开始吧。"听完这句话，诺米直接呆立现场："车尔摩斯，我的主持手卡不见了啊，这怎么主持？"可是车尔摩斯像是没有看到诺米震惊的表情，举起手机准备录像。诺米再一次体验到了赶鸭子上架的滋味。上呗，就算没有手卡，诺米相信自己也能主持好。虽然，临场发挥心里还是有点忐忑的。

就这样，凭着记忆，加上自己上天入地的想象，诺米觉得今天的氛围比以往更加热烈。而搭档小忽，似乎也早已适应自己听到的和手卡上完全不同的主持词，默契地衔接。"忽悠组合"，果然不是盖的！

自从车尔摩斯设置了演讲点评环节，同学们的热情更加高涨，都在学习着车式点评法：先肯定，再提建议。大家热热闹闹地开启了互评模式。这不，正在演讲的张小山说后稷是第一

展山海画卷·经神奇之旅

个种稻谷的人，而台下的李大侃则提出了不同意见——后稷不是第一个种植稻谷的，而是第一个改良稻谷种植的人，就像袁隆平爷爷一样，让稻谷品种更加优良。李大侃一本正经地点评："首先感谢张小山同学生动的演讲。我认为张小山在将神话故事与现实生活结合方面讲得特别棒。如果张小山再多做些查证，讲得更清晰些就更好了……"你看，收获知识的同时，大家也学会了欣赏、专注与礼貌，知道了提建议的正确方式是什么。而对于李大侃和张小山的发言中涉及的技术疑问，大家只能求助"万事通"车尔摩斯来裁决。

在车尔摩斯的带动下，读书会越来越精彩。当然，经历过几次手卡不见的场景后，诺米的手卡也保存得越来越隐蔽，让好奇的小伙伴无处可寻。

四、完美收场

四周的时间倏忽而过，今天，大家将迎来"《山海经》的神奇之旅"的最终擂台赛，辩论标题：你眼中《山海经》最神奇的地方是什么。

宣传部的小伙伴们举出千年不死的应龙、百毒不侵的耳鼠和控水能力一流的长右，后勤部的同学甩出天马行空的三首国、一目国、小人国；宣传部使出四大凶兽，后勤部就跟上美人鱼。一时间，辩论场上唇枪舌剑，针锋相对，真是高手对决，难分上下。

最终，车尔摩斯总结性发言：《山海经》中的神兽有助人为乐、惩恶扬善的，也有调皮捣乱、惹是生非的。每年开学时，家长们都欢呼"神兽终于要回笼了"，等下次开学时看看自己家长的反应，对号入座，看看自己是哪种"神兽"！异人国中有神奇友爱的国度，也有斗争不断的国家，就像一个个小团队，有的和谐，有的冲突。所以《山海经》最神奇的地方，不在于是异兽还是异人，而在于它为我们展现出的神奇浩瀚的山海画卷。所以，双方打成平手，双双获胜！

就这样，热热闹闹持续近一个月的"《山海经》的神奇之旅"，在诺米的临危受命下，在大家的热情探讨下，在车尔摩斯充满哲理的总结中，圆满落幕！

海边的故事

　　柔软的沙滩上热闹非凡，无数的孩童在阳光下尽情嬉戏。诺米和小伙伴们也找了个好天气，相约一起和大海来了场亲密接触。眼前的大海时而平静，时而溅起阵阵浪花。伴随着哗哗的海浪声，大家迫不及待地在沙滩上撒起欢来。

　　"诺米，快来帮忙，'城堡'要塌啦！"笑嘻嘻的大嗓门顺着海风吹进诺米的耳朵。正在奋力挖沙的诺米头也不抬地大声回应着："马上要涨潮啦，你的'城堡'坚持不了一会儿啦，还是快快投降到我的营地吧！"

　　还没等诺米话音落下，那边周周的声音又响起来："唐果果，快拎桶水来，排水管道马上疏通了！"一旁蹲着的唐果果马上起身，抓起水桶，啪嗒啪嗒朝着海浪处跑去，只在身后留下一串串脚印。

　　你踢踢水，我挖挖沙，偶尔捡起一只出逃的小螃蟹，再挖个洞把它藏起来……大家玩得不亦乐乎，浪花也呼啦啦来凑热闹，一个调皮的回旋踢，不知打湿了谁的裤子，惹来阵阵哄笑，那笑声穿透了云霄，让当头的烈日也跟着咧开了嘴巴。

忙碌的途中，诺米偶尔抬头欣赏此刻的美景，阳光、沙滩、碧海、蓝天，还有好朋友们的嬉笑打闹，多么美丽的一幅画啊！

对于大海，诺米再熟悉不过。她在海边出生，在海边长大，伴着海风入睡，随着海浪起床。大海就像是自己最亲密的小伙伴，一起分享着成长中的喜怒哀乐。

"诺米，肚子快饿瘪了，我们去吃饭吧！妈妈帮我们叫了最美味的大餐！"田甜圈的呼喊声让诺米停下了手中的动作。日头已经升到了正中，大家的肚子都咕噜噜叫起来。看看手中的沙子，有点恋恋不舍，但想想那酥脆可口的薯条、外焦里嫩的鸡翅、冒着凉气的冰可乐……诺米瞬间觉得自己可以吞下一头牛，果然饥饿的时候美食的魅力更大些。

一旁的遮阳伞下，妈妈们一起把食物摆满了整个板凳。"馋虫"们闻着香味就跑来了。跺跺脚，擦擦手，盘腿一坐，开吃！看吧，你拿汉堡，我开可乐，分着吃一根薯条，抢着啃最胖的鸡翅，不多会儿便吃了个肚儿滚圆。

"嗝……我吃不动了，撑死我了！"田甜圈一边打着饱嗝一边揉着自己的肚子。诺米看着手里剩下的半包薯条，吃又吃不下，放下又舍不得。美食太多也是一件让人烦恼的事啊！

当所有人都擦干净嘴巴时，板凳上还剩下不少食物，吃剩的不说，没来得及拆封的汉堡、鸡块也还有许多。只是大家都没有了刚开始"活吞一头牛"的兴致，吃饱了饭当然是大海更有吸引力啦！

"诺米，快来！"听到喊声，诺米转身向小伙伴们跑去，忽然看到刚才帮大家收拾垃圾的奶奶，此刻手上还拎着装食物的手提袋，一会儿摇摇头，一会儿叹口气，满是皱纹的脸上透着疑惑，好像在说：为什么吃不下还要买这么多？又好像在控诉：是谁这么不珍惜食物？

诺米顾不上同伴的呼喊，安静地站在那里，看着奶奶将卫生工具放在一边，用衣服擦了擦皱皱巴巴的双手，小心翼翼地把刚才的小袋子拿出来放在沙滩上，然后艰难地坐在旁边，打开袋子，看到里面的纸巾，拿出一张来把自己的手又来回擦拭了几遍，然后用擦干净的手，慢慢地从包装盒中拿出一根鸡翅，投入地啃了起来。

这一刻，诺米似乎已经听不见远处的呼喊，眼前只有老奶奶专注的神情，她不在乎周围人的目光，不在乎环境的杂

乱，浑浊的眼中带着对食物的虔诚与尊重，一口一口咀嚼下咽。

　　诺米此刻内心充满了震撼与懊悔，她想起了自己小时候时常背诵的"谁知盘中餐，粒粒皆辛苦"，想起了老师时常教导的"一粥一饭当思来之不易"，想起了大家开玩笑时常随口说的"浪费可耻"……原来自己只懂其句，不懂其意。今天，这位平凡的老奶奶给诺米上了最生动、最深刻的一课。

　　"诺米，快来玩水！"唐果果看诺米一直呆立着，跑过来拉起她的胳膊就走。走远的诺米又回头看向老奶奶，沙滩上的她，身影是那么渺小又高大。诺米想，也许可以把海边老奶奶的故事讲给小伙伴们听……

"费妈"的探索路

一、微波炉的力量

自上次大白天寻找蝙蝠无果之后，诺米自我反省，在第二天傍晚又一次带着"三小只"去寻找蝙蝠，结果仍然铩羽而归。转而求助车尔摩斯，得到答案："诺米，蝙蝠和你不同，它们喜欢偏僻无人的野外，不喜欢与人生活在一个地盘上。"好吧，诺米决定放弃这个项目——反正还有那么多好玩的，干吗总盯着蝙蝠不放！

不是说科技的力量无处不在么，诺米决定从家里的角角落落寻找"力量"。叮！厨房里传来一下清脆的响声，是米大弟用微波炉加热的牛奶好了。诺米听到响声，瞅瞅厨房，又看看自己身上的衣服，脑海中闪过一个念头：既然微波炉可以加热食物，是否也可以烘干衣服？虽然想法有点另类，但不得不说，诺米真是一个爱思考的孩子。只是在结果未知的情况下，她觉得自己先用块抹布试一下比较好。

诺米寻来一块抹布，在水龙头下打湿，仔仔细细叠好，小心翼翼地放入微波炉托盘，不假思索地打开加热功能，所有动作一气呵成。诺米看着微波炉肚子里转转悠悠的抹布，一脸期待。一分钟后，叮的一声，诺米赶紧将抹布拿出来，咦，还是一样湿漉漉的！看来时间不够，再加点，试试三分钟效果如何。叮！三分钟时间到。诺米还是想也没想就要往外拿抹布，没想到抹布比刚才烫手多了，诺米一下子把抹布扔得老远。过了一会儿，诺米再次尝试捡起抹布，终于不烫手了，水分也减少了很多，整块抹布都要半干了。看来时间长了有效果！继续加热，五分钟实验。叮！五分钟的提示音又响起，有了刚才烫手的经历，聪明的诺米这次等了足够长的时间才拿起抹布检验效果。哇，原先柔软的抹布，现在变得干硬。虽然还有些潮，但结果证明诺米的想法行得通！

有了初步成功，下一步就要拿真正的衣服来实验了。选什么衣服好呢？诺米忽然想到刚才妈妈在阳台上晾衣服。诺米直直地往阳台跑去——刚洗过的衣服就晾晒在那里。嗯，这件衣服有点太湿漉漉，这件太大了塞不下，这件正合适！诺米终于从众多衣物中挑选出一件满意的衣服——诺米妈喜欢穿的毛衫。按照刚才加热抹布的步骤，诺米一步一步操作起来，等毛衫顺利转动后，一脸期待地等在一旁。

一分钟，又一分钟……叮！五分钟过去了。诺米强忍着伸手的冲动，耐心等待温度下降。摸了摸，不烫手了；拿出衣服抖一抖，咦，为什么还是湿漉漉的？诺米脸上的期待瞬间变成了失落。她仔细盯着微波炉，好像在说："你是不是坏了？刚

才人家抹布明明可以烘干的！但毛衫摸上去热乎乎的，证明微波炉是正常工作的。那不然是时间不够？也许是的！小事一桩，重新来烘。"诺米又一次将诺米妈的毛衫仔仔细细叠好，小心翼翼地放入微波炉托盘，再启动按键，安静等待。

"叮！"又一个五分钟过去了。有了刚才的失败，诺米对这次的结果已经没有了百分百的信心。不过怕什么呢，任何伟大的成功实验都是建立在无数个失败的实验基础上的！忐忑中，诺米拿出了毛衫。唉，果然还是和刚才一样湿乎乎。看来微波炉只能烘干一些小物品，比如自己的小手绢。整件的衣服太大，水分太多，远远超出了微波炉的能力范围。诺米无奈地宣布自己神奇的"微波炉烘干衣物"实验失败！

二、蚕丝被的考验

诺米躺在温暖的被窝里，盖着自己粉红色的小被子，又想起自己暑假时在国家重点实验室听韩爷爷讲纺织知识的事情，虽然已经过去了很久，但是她依旧记得抚摸各类棉麻葛纱、绫罗绸缎时的激动与兴奋。各种或柔软顺滑或挺括细密的纺织物拿在手中时，诺米感觉和现在躺在被窝里一样舒服，尤其是看到蚕茧经过一道道工序变成轻柔温暖的蚕丝被时，诺米感觉真是太神奇了。所以，对一切事物保持旺盛好奇心的诺米，决定明天一定找机会验证一下，诺米妈买的蚕丝被到底是不是"智商税"。

当然，搞破坏的时候，诺米通常是来不及思考后果的。看着床上铺的平整柔软的蚕丝被，拿着小剪刀的诺米突然手足无措起来——这么完美的被子，真的要剪开个洞吗？可不剪开自己要怎么验证呢？左瞅瞅又看看，诺米心一横：不就是一个洞么，又不是把它给拆了，相信自己，没问题的！不过，还是从被子角上剪吧，这里比较隐蔽。

诺米拿起被子瞅瞅看看，嗯，这个被角最饱满好看，蚕丝一定特别多！选中其中一个被角，诺米用剪刀小心翼翼地剪开一个不大不小的洞。要知道，洞小了，不一定能掏出蚕丝来；洞大了，还真怕自己被诺米妈……所以，不大不小正正好。顺着小洞，诺米顺利地抓到了蚕丝。抽啊抽，看着手里满满的一把蚕丝，诺米觉得做实验的话应该够了。

剪断蚕丝后，诺米先放在鼻子下闻了闻，咦，难道自己饿了吗？为什么闻着被子都有股炸蚕蛹的味道？再闻闻，原来

是蚕丝的清香啊。第一关"辨味"——通过！第二关，用火烧。撕开一绺蚕丝，拿出准备好的打火机，着了着了，手中点燃的蚕丝冒出一股白烟，原本洁白无瑕的蚕丝也瞬间变成了黑灰。第二关，表现完美！第三关是用水泡。倒上一碗清水，将蚕丝放进水里，过几分钟，原本白色的丝线已经变成了透明状的，像是一块小小的透明果冻，第三关也顺利通过。

半个小时后，诺米举着仅剩的一绺蚕丝，手舞足蹈地向诺米妈描述自己对蚕丝被的检验。结果呢？除了诺米妈的尖叫声，其他的，你猜！

三、爆米花的功能

"诺米，帮我拆一下快递！"耳边传来诺米妈响亮的声音，诺米一溜烟儿地跑到门口，果真有个小箱子，不知道诺米妈又给大家买了什么好吃的。

诺米急急忙忙拆开快递箱，露出一个包裹严实的圆柱体，用气泡纸缠了一圈又一圈。诺米惊呼："老妈，你买了什么宝贝，包裹这么严实？"诺米妈闻言伸头看了一下，无奈地说："就一瓶蜂蜜，也不知道为什么包这么厚。"好吧，不管这个了，赶紧沏一杯甜甜的蜂蜜水去。

喝了满满一杯蜂蜜水，诺米盯着垃圾桶里的气泡纸想着：这些气泡纸用一次就被当作垃圾处理了，既污染环境又浪费资源，有没有一种材料可以替代它呢？既能很好地保护商品，又不会造成污染和浪费，甚至可以二次发热？诺米仔细观察起气泡纸的构造——一个个圆圆的小气泡，里面充满了空气，用手指使劲按压还会发出啪啪的响声，好好玩啊。可什么材料能替代它呢？这个需要实验一下。

说干就干，一小时后，诺米开心地宣布，她找到了答案——爆米花！爆米花也和气泡一样，松软轻便，可以替代气泡纸来保护物品，还可以让收到快递的人品尝到香甜的零食，想想就幸福！心动就要行动的诺米，执行力那可是无敌的，拉上诺米妈就要去买爆米花，你如果问她买不到怎么办，那可就太小看她了，附近哪里有好吃的，绝对逃脱不了诺米那灵敏的鼻子。

很快，这位闭着眼都能闻着味寻到美食的诺米同学就拎着满满两大袋的爆米花回到了家。她狠心拒绝了流着口水的弟弟妹妹，为表决心还狠狠发誓自己也决不会偷吃一粒爆米花。哈哈，诺米才不会告诉他们回来的路上自己吃了一路！

有了爆米花，找个玻璃罐，还缺少什么？对了，缺少装爆米花的容器！诺米找到一个塑料袋，往里面装了半袋爆米花，把玻璃瓶塞到爆米花中间。拎起鼓鼓的小袋子，感觉有点轻，诺米又翻出来一个大点的袋子，继续装上半袋子爆米花，拿起刚才圆滚滚的小袋子塞进去。嗯，这样看着抗摔打系数更高一些。

正当诺米想要结束给玻璃罐穿"衣服"的时候，米小妹轻轻地说："姐姐，都说事不过三，说明'三'很重要。咱要不要给它穿够三层？"听着小妹的建议，诺米看着剩下的一袋爆米花，狠心决定拿出其中一半来给玻璃罐再套一层"衣服"。终于，一个像粽子一样的玻璃罐包裹做好了。这么多爆米花，应该可以完美保护玻璃罐了吧？

　　检验效果的时刻到了！"三小只"踊跃报名参加。作为拥有决定权的大姐大，诺米选择个头儿最高的米大弟来打头阵。威猛的米大弟高高站在沙发上，举起手中的"爆米花包裹"就要松手。在最后一刻，诺米大喊一声："停！"飞奔过来拎起包裹又认真检查了一遍，然后迟疑地问："米大弟，你说玻璃罐不会碎了吧？"回答她的只有"三小只"嘴巴里咔哧咔哧偷吃爆米花的声音。

　　既然是做实验，总会有成功失败，但那又有什么可怕的！来吧！嘭！还没等诺米完成心理建设，米大弟已经完成了实验步骤。一瞬间，塑料袋裂开，玻璃罐滚开，金黄喷香的爆米花四溅开，桌子上、沙发上、地上、茶几下，各处都被爆米

花填满，好一派热闹的场景！诺米看着眼前的热闹，第一反应：玻璃瓶没碎，实验成功；第二反应：好多爆米花，还能吃吧？不然多浪费！

身体的反应快过大脑的反应，诺米捡起一个地上的爆米花直接放进嘴里。咦？好像经过摔打，爆米花更香甜了呢！诺米正要把这个消息告诉"三小只"，抬头一看，他们早已经身手矫捷地趴在地上，嘴巴塞得满满的，活像三只小松鼠，吃得不亦乐乎。诺米瞬间不想说话了——有这工夫，可以多抢到好几颗爆米花呢！

最终，在诺米妈从卫生教育到强烈要求再到威逼利诱下，四只"小松鼠"只好忍着满眼泪珠和满腔口水将地上的爆米花依依不舍地全部献给了垃圾桶。

再见了，爆米花们，感谢你们不仅为实验做出了牺牲，还满足了四枚小吃货的口腹之欲。爆米花真是功能多样啊！

从微波炉到蚕丝被再到爆米花，诺米感觉自己行走在探索的道路上，意气风发。当然，在对微波炉的探索过程中，诺米妈气呼呼地强烈要求以后只许拿旧衣服实验，不许伤害自己钟爱的毛衫；对蚕丝被的考验中，诺米妈除了追着诺米满屋子跑了好几遍，还直接状告车尔摩斯；而在爆米花的实验中，面对着四只圆滚滚的"小松鼠"，诺米妈只能无奈地要求大家打扫卫生。由此，诺米得出结论——探索道路上，比较费妈！

秋季运动会

一、从天而降的重担

距离上次春季运动会已经过去了五个多月。秋季运动会前一周，车尔摩斯再次发令要开始选拔"各路高手"。诺米像鹌鹑一样缩在角落，生怕车尔摩斯惦记上她这个小透明。就这样心惊胆战过了几天，诺米发现自己的担心完全多余，车尔摩斯像是将她遗忘在了春季运动会的200米跑道上。

转眼到了需要上交班级参赛人员名单的日子。正巧，这一天诺米有事请假。远在家中的她不知道，一个从天而降的重担已经降临到了她的头上。

第二天一到校，好友笑嘻嘻就连忙跑到诺米跟前："诺米，你太厉害了，春天跑过200米，秋天就能参加400米，佩服！"说着还伸出大拇指，一副"我很不理解但大受震撼"的样子。诺米刚想和笑嘻嘻逗乐，却猛然反应过来："什么400米？什么情况？到底是谁在坑我？"

没有了和笑嘻嘻玩闹的心情，诺米满脑子都是问号："谁给我报的名？车尔摩斯知道吗？真上赛场了怎么跑那漫长的400米？"整堂课都坐立不安的诺米，下课铃声一响，就以200米冲刺的速度跑去找车尔摩斯。

"是您给我报的名？"看着优哉游哉回应自己疑问的车尔摩斯，诺米恨不得原地暴走。车尔摩斯一脸狡黠地说："你跟王卜卜平时都有体育锻炼，你学散打，卜卜练滑冰，都有体育实力！去吧，去吧，重在掺和。不对，重在参与！"随后，又双手一摊，一脸无辜："再说，报名表已经交上了！"唉，这不是赶鸭子上架嘛！再次表达抗议后，诺米也只能认命。上呗，不然还能怎么办呢？

二、赛场上的较量

虽说是被迫参加400米，诺米还是以十分饱满的热情认认真真准备起来。当然，400米不是一步跑完的，速度也是不可能三天就能来个质的飞跃的。诺米认真准备的是自己的参赛装备——专业运动服，专业跑步鞋，再来一根防汗带，完美！

此刻，诺米和将要上场的王卜卜威风凛凛地站在跑道上，好似两位凯旋的女将军，有范儿！至于观众席上，班级小伙伴们头上那拉风的双色遮阳帽，诺米和王卜卜都选择无视——自己有如此完美的运动装备，怎么能让一顶帽子抢了风头？

　　诺米先上了战场。400米的枪声响起，她不负众望，一把冲在了最前面。咦，不对劲，怎么旁边的选手都像是装了小马达似的，一个接一个地反超自己？诺米也想要加上小马达，可是圆圆的肚子提醒她说：小马达别想了，今天中午可以多吃一只鸡腿。诺米突然就觉得小马达什么的还是算了，远远不如鸡腿香。谁让学校食堂叔叔阿姨的厨艺出神入化，那鸡腿，甭提多让人流口水了！

　　知道成绩的时刻，诺米竟然不紧张。咳咳，主要是诺米觉得一切已成定局，当自己跑完后，回头看看没剩几人的跑道，结果还重要吗？不重要啦！怎么说咱起跑速度还是很厉害的，前10米可是数一数二的啊，这样足够展示自己炫酷的运动装备了。人要学会知足，这样才能常乐！诺米觉得这个拥有300米跑道的运动场简直完美！

三、无人可及的运动会分数

　　不管诺米如何不舍地收起自己的宝贝装备，热闹的运动会还是如期落幕。和往年一样，每个班级会根据奖牌数量进行得分排名。听着广播中传来的一个个分数，每个人都很淡定，连一向注重班级"脸面"的车尔摩斯也不见着急，一副胸有成竹的模样——还用说吗？肯定还是独步天下，无人可及。

　　王卜卜看着心平气和的车尔摩斯，和身边的李大侃悄悄地说："车尔摩斯不会气糊涂了吧？"李大侃此时也没有往日的八卦心，淡定地回答："车尔摩斯又不是不知道咱班的体育成绩啥样，有啥可气的。"也是啊，车尔摩斯经过前三年的

"打击"，第四年成绩发布也一定能承受。只是万万没想到啊，对比也太强烈了！自己班级的20分VS校第一名的160分！诺米瞬间决定同情车尔摩斯3秒钟！

哦，对了，赛场只顾展示运动装备、无视遮阳帽的诺米和王卜卜，放学后戴着受到一致好评的双色遮阳帽，一边嘚瑟，一边写作业。还有，如果你问诺米小朋友午饭有没有多加一只鸡腿，下次运动会就知道啦！

人生第一次

诺米最近很忙碌，年底各种比赛和活动蜂拥而至；诺米最近很激动，她将亲历自己人生中的一件大事情——《诺米出蒸》新书发布会。

一、持续一年的准备

说起自己的新书，诺米可以说是喜忧参半。要知道，这一年来，诺米在车尔摩斯手中可是经历了数轮"地狱级"的训练。一句话、一个字、一个标点符号，车尔摩斯都有可能化身"唐僧"念叨上半天。

"从窗户飞进来还是从窗户飘进来，你现在感觉哪个更适合这个场景？"车尔摩斯指着这两句话。这是诺米刚刚完成的一篇文章《后门的车尔摩斯》中的一句话，原本诺米用的是"飞"，车尔摩斯建议用"飘"，诺米坚持自己的想法，车尔摩斯滔滔不绝地说出了自己的理由：一是"飘"更能表现车尔摩斯的神出鬼没，悄无声息；二是"飘"字更符合当时讲故事的氛围；三是"飘"还能表现车尔摩斯身轻如燕，身手矫健……诺米听着听着，连忙向车尔摩斯表示自己已被说服，主要是被圆圆的车尔摩斯自诩的"身轻如燕"四个字说服。毕竟这种高难度的动作在现实中无法实现，那作为好学生怎么也得让老师的愿望在书中的虚拟世界实现。

一年来这种情形已经发生了无数次。在诺米看来，这样的对话已经算很可爱了。如果车尔摩斯一句话不说，那就代表诺米有了大麻烦——"诺米，这么好玩的事情被你写得这么生硬？""这篇语句不通顺，重新写！""这篇不行，重写！"……所以诺米深深觉得，能"唐僧念经"的车尔摩斯是最可爱的人，不容反驳！

二、期待已久的"游乐会"

在忙碌与期待中，诺米终于等到了新书发布会这一天——12月12日。一大早，诺米便迫不及待地直奔目的地——新书发布会现场。要知道，诺米选的发布会场地，转头四周是落地窗，抬头是无际辽阔大海，偶尔再飞来几只海鸥小可爱，看着就让人心情舒爽，能量满满。最最重要的是，这里地方足够大，诺米妈准备的各种点心糖果都可以美美地摆上桌啦。

诺米一想到在周末还能见到自己亲爱的小伙伴，有游戏又有美食，简直就是一场完美的游乐会。

在忙碌与期待中，大家陆续到达。唐果果，笑嘻嘻，袁圈，周周，李大侃，张小山……一向与大家斗智斗勇其乐无穷的车尔摩斯和优雅的倪老师也来啦。据说车尔摩斯还会在发布会上发言，诺米胆战心惊中又带着一丝期待！对了，出版社的编辑老师也会出席，得知这个消息，诺米的小心脏更加"扑通扑通"跳个不停。

三、失灵的车尔摩斯

"哗哗哗"，热烈的掌声响起。车尔摩斯穿着中式碎花小袄，梳着典型的车式编发，架着黑框眼镜，款款地走向台前："……诺米同学有今天这'一笼糯米团'出蒸，因为她是一个生活的有心人。每一个美好的事物就像我们生活长河当中的一颗闪光的宝石，在闪着光。诺米呢，能把这些宝石都撷取下来，放在这'一笼'当中，成为人生路上能够照亮自己的光源，让我们每个人循着光发现生活中更多美好的东西……"车尔摩斯发自肺腑的话语让一旁的诺米惊掉了下巴——车尔摩斯没被调包吧？这么重量级的夸赞，真的是车尔摩斯说的吗？

或许是感受到了诺米疑惑的眼神，车尔摩斯话音一转，来了个"但是"，吓得诺米连忙收回看向车尔摩斯的目光，大气不敢喘，暗自祈祷车尔摩斯千万不要把她的糗事给抖出来！

"诺米每次节日给我发祝福信息，都是祝我又白又圆，我一直不明白是什么意思，现在我终于知道了，她是要把我给'蒸'了啊。那我就期待一下诺米的'第二蒸'吧……"哗哗的掌声让诺米提着的心总算放回了肚子里，还好还好，车尔摩斯非常给力，自己在大家心中的形象保住了，至于暗戳戳地"催更"的话，诺米表示今天车尔摩斯的话暂时失灵。

将车尔摩斯的话当"耳旁风"的不仅是诺米，还有看到美食后的小伙伴们。看到大家奔向甜品台、欢乐开吃的场面，车尔摩斯一边维持秩序，一边提醒大家注意形象。只是，听到车尔摩斯的声音，大家条件反射地暂停了几秒钟后，再次不约而同地选择了抢食。李大侃更是迅速拿起一块漂亮的蛋糕，直接放到被挤在一边的车尔摩斯手中。看到车尔摩斯都被美食拖下了水，那还等什么呢？当然，享受美食的小伙伴们也没忘记给李大侃点赞！这反应速度，绝！

四、小伙伴们的神秘礼物

"最后的最后，小伙伴们，咱们和车尔摩斯抱一抱吧！"整个发言环节在大家和车尔摩斯抱一抱的互动中结束。接下来就是考验诺米写字速度的签字环节。还有，小伙伴们说的送给车尔摩斯的神秘大礼到底是什么？

　　咦，唐果果今天的装扮有点眼熟。开衫？黑框眼镜？戒尺？这不是车尔摩斯日常三大宝吗？唐果果要做什么？

　　笑嘻嘻、张小山、李大侃几个人围在桌子旁，悄悄地在商量着什么。"这个主意好，就这么办！"说完，递铅笔的，拿橡皮的，翻找笔袋的，乱作一团，周边围观的人群不时发出阵阵哄笑。原来，诺米和几个小伙伴把书中《隐秘的计划》这一篇编排成了情景剧，作为在发布会上献给车尔摩斯的神秘大礼。诺米伸长脖子看着几个小演员活灵活现的表演，还有车尔摩斯一脸的无奈。哈哈，反正车尔摩斯今天一直处于"失灵"状态。

一阵阵的掌声和笑声肯定了台上小伙伴们的精湛演技，诺米又一次觉得当初自己这剧本怎么写得这么棒！

一个小时很快过去，诺米在冬日暖阳中经历了自己人生中第一次新书发布会，第一次以小作者的身份站在舞台上，第一次把自己的名字签到了书的扉页上……诺米觉得人生中经历的每个第一次，都能让自己看到最初的信念，记录下自己步履不停的样子。希望车尔摩斯口中的"第二蒸"早日出炉！

人生第一次，初来乍到，请多关照！

2022，冲呀！

马上又要到新年啦！最近诺米有点忙，忙什么？忙着迎接2022年呀！

车尔摩斯今年想要搞点不一样的新年活动。怎么才能不一样呢？诺米思来想去就想到了去年许下的心愿——看车尔摩斯跳舞。如果真能欣赏到这一幕，绝对是不一样的迎新方式！目标有了，至于怎么实现这个目标，诺米还在思考。

一、贺卡盲盒

花开两朵，各表一枝。先不说怎样达成心愿，新年嘛，肯定少不了美好的祝福。以往同学们都是说一说自己的新年愿望，今年诺米想和大家一起做贺卡，并且在车尔摩斯的建议下，以盲盒的形式随机送出。

诺米想要做的贺卡当然要有些不一样的东西了，既要漂亮美观，又要有实用性，再加上自创的诺式祝福语，嗯，还要加上班里小伙伴们四年来的合影，想象一下就特别美好。可真做起来，该从哪里下手呢?

诺米双手托腮，无聊地盯着书桌上的日历牌。等等，日历牌！日历牌是不是可以艺术加工一下呢? 对，就用它了！

接下来就是要准备材料。旧台历，卡纸，再找出四年来的集体照，回顾一下今年的班级大事，当然还要有2022年的新日历！诺米吃饱喝足，开足马力，在卡纸上先画上一个最白最圆的大竹笋，头戴斗笠，手持戒尺，圆溜溜的眼睛貌似慈祥温柔实则暗含严厉，大竹笋周围的一窝小竹笋就可爱多了，一个个乖巧呆萌，围绕在大竹笋身旁。多么幸福的大竹笋啊！最后再写上自己绞尽脑汁的祝福语:

亲亲爱爱的车尔摩斯，相信打开贺卡时，您已经面带微笑、充满期待，四十四只花骨朵给您送祝福啦！

祝福车尔摩斯在新的一年: 少被我们气着，犯错温柔看着，戒尺总忘带着，没事多多笑着。还有最重要的一件事——2022年，车尔摩斯一定要更白更圆哦！

叮叮当当，诺米花了两天时间终于完成了两张贺卡。你问最终效果如何？那还用说，白白圆圆的祝福车尔摩斯一定照单全收，至于其他小伙伴的盲盒贺卡，只有收到才知晓哦！

在忙碌和期盼中，新年活动姗姗来迟。活动亮点之一就是大家送祝福的环节。小伙伴，排排队，每个人，摸一张。咦，这是谁做的小老虎贺卡，这么可爱！这是谁把自己心爱的小粘贴贴满了整张贺卡？又是谁心灵手巧地剪出了镂空的福字？……一张张承载着满满心意的贺卡像是寻找芳香花朵的蝴蝶，兴高采烈地飞到了自己主人的手中。至于诺米的贺卡，不知道被谁接管了。但无论是谁，诺米都祝福大家：吃好喝好身体棒，有玩有乐长得壮，新年快乐吉安康，虎年如意幸福长！

二、心愿落空

收到贺卡，每个人都喜气洋洋。不过大家望眼欲穿的还是晚会最值得期待的节目——车尔摩斯抽心愿大奖。要知道同学们对车尔摩斯的心愿太多太多了，诺米和周周、大侃这些小伙伴商量了整整一下午，才恋恋不舍地从几十个心愿里面选出来十个：

1. 为挨批次数最多的、最最可怜的李大侃小朋友求"免批金牌"一枚。

2. 邀请歌声美妙如泉水、婉转如黄鹂的车尔摩斯为我们高歌一曲。

3. 童年的回忆最美好，邀请车尔摩斯为大家讲一个自己印象最深的童年故事。

4. 我们班人杰地灵，才俊辈出，请车尔摩斯随机夸赞一名同学，夸到他/她害羞脸红为止，不脸红不能停止。

5. 山外青山楼外楼，车尔摩斯的舞姿最飘柔！邀请无所不能的车尔摩斯为我们舞一曲，可以邀请小舞伴哦，我们都期待和车尔摩斯一起跳起来。

6. 面对我们这群世界上最可爱乖巧的学生，多才多艺的车尔摩斯肯定文思泉涌，请学富五车的车尔摩斯为学生赋诗一首。

7. 车尔摩斯和学生朝夕相处，相信可爱的车尔摩斯对每位学生都很熟悉，遮住车尔摩斯眼睛，选两位同学，依靠其他人的语言描述猜猜看是谁。

8. 心灵手巧的车尔摩斯，请给我们削个苹果吃吧，要记得苹果皮不能断开哦，看看车尔摩斯能削几个。

9. 我们都有自己喜欢的动漫形象，相信车尔摩斯童年时也有。请车尔摩斯表演自己最喜欢的动漫形象，我们猜出来表演才可以停止哦。

10. 请车尔摩斯为大家送上一段真挚的新年祝福。

开始心愿抽奖环节前，李大侃调皮地说："车老师，十个心愿九个'坑'，看您能不能避开！"车尔摩斯却一副胸有成竹的样子，不见丝毫慌乱。诺米盯着看了半天，也不知道车尔摩斯的底气从何而来。

在大家的期待声中，车尔摩斯成功抽取了第一张心愿纸

条：为大家送上一段真挚的新年祝福。什么？那么多有趣的愿望没有抽到，却抽到了最简单的一个？唉，看来今年让车尔摩斯唱歌跳舞的心愿又落空了，但能收到车尔摩斯真挚的祝福也算圆满了。咱们来日方长！

三、"坑人"不成反被"坑"

大家勉勉强强地接受了欣赏车尔摩斯唱歌跳舞的心愿落空的现实，没曾想车尔摩斯提议玩游戏。玩游戏？这机会可太难得了，必须响应。

可是谁能告诉诺米，为什么车尔摩斯的游戏这么出人意料！要不是看在大家兴致勃勃的份上，诺米真想跑过去问问车尔摩斯：别人的游戏都是抢凳子或击鼓传花……为什么我们的游戏是学蚕宝宝爬、学螃蟹爬还要下胯劈叉，比比哪组小伙伴腿最长？

看着一个个奋力前拱、恨不得用脸帮忙的身影，诺米左看看、右瞅瞅，好像很好玩的样子。等诺米反应过来的时候，发现自己不知什么时候也趴在了地上，胳膊往前一伸，双腿向上用力，拱起腰，前进一步，再伸胳膊，又前进一步。诺米想着螃蟹横行霸道的场面，可为何自己就是爬不动呢？管他呢，好玩就行！诺米像是找到了新的乐趣，和大家一起乐此不疲地玩着，笑着，闹着，车尔摩斯在旁边更是笑得前仰后合。

整个联欢会在李大侃和周周的劈叉比拼中落下帷幕，感觉肚皮隐隐作痛的诺米这才反应过来，本来打算给车尔摩斯

"挖坑"的人全都入了车尔摩斯的"坑"，果然是"道高一尺，魔高一丈"啊！

在车尔摩斯和小伙伴们的阵阵欢笑声中，2021年"不带走一片云彩"地和大家挥手再见了。新一年，新愿望，诺米觉得只要不放弃，让车尔摩斯唱歌、跳舞甚至下个腰全都不是梦。2022，冲呀！

写作初体验

一、为体验做准备

周六一早醒来，诺米就感觉今天和往日有些不一样。她迷迷糊糊地睁开双眼，窗帘后透过来的光白得有些刺眼。怎么回事？诺米顾不上穿外套，跑去拉开窗帘——呀，下雪了！

"米大弟、米小弟、米小妹，快点起床，下雪啦！"诺米兴奋地招呼弟弟妹妹起床。话音刚落，头发乱糟糟的"三小只"就从房间探出头来，一起看着客厅里蹦蹦跳跳的姐姐，不明白有什么开心事。

"快看，下雪了！你们这是什么表情？"看他们还一副没睡醒的样子，诺米只能无奈地再重复一遍自己的兴奋点。话音刚落，眼睛还没睁开的弟弟妹妹便"嗖"地跑到窗边，挤挤攘攘伸着脖子往外看。哇，宁静的清晨，窗外漫天的雪花身姿轻盈地随风摇曳，屋顶上、地面上、树上……到处都披上了银装，入眼一片白色的海洋。

听见动静的诺米妈也走了过来，看着窗前排排站的"四小只"，试探着问了一个问题："你们都看到了什么啊？"最活泼的米小弟抢先说："雪花在跳舞。"米小妹接着道："雪花在说悄悄话。"最沉稳的米大弟也不甘落后："雪花在比赛跑步。"一旁的诺米听着这些童言童语，不由得捂嘴笑起来。还不等自己说话，诺米妈又问："你们再从看、听、闻、摸、想几个不同角度来仔细观察一下雪花，一定有惊喜。"咦，诺米怎么感觉自己嗅到了一丝"阴谋"的味道？确定老妈不是在给"三小只"挖坑？诺米觉得自己还是少说话静观其变最保险，免得殃及池鱼！

"三小只"兴致勃勃地按照诺米妈的话仔细观察，看了一会儿，米小弟把手指伸向嘴边，做出"嘘"的手势，轻声说："我好像听到雪花说话了。"瞬间，半信半疑的米大弟和米小妹全都看向他。"那你听到它们说什么了？"米小弟又往前探了探身子，小脑袋慢慢转动，一边作势倾听一边说："我听到它们说'米小弟真帅啊'，你们听听是不是？""哼，我咋听到的是雪花们在说'米小妹真乖啊'！"米小妹忍不住冲米小弟冷哼一声。

看着窗外翩翩起舞的雪花，诺米忍不住推开窗户，将手伸出去，调皮的雪花好像在和诺米捉迷藏一般，全都跑到一边。米大弟看着好玩，也学着诺米的样子，想要抓住这洁白的六角精灵。"哇，姐姐，雪花真的是六星形的啊，你快看！"说着连忙缩回自己的小手，却发现那漂亮的雪花早已经没了踪迹，只留下一汪水渍，冰凉凉的，沁人心脾。

雪越下越大，实在等不及的诺米，一再保证好好看着"三小只"，一定不吃雪，才被诺米妈允许下楼去玩。这下可太幸福了，打雪仗，堆雪人，在雪地上画画……一个个玩得不知今夕何夕。诺米看着变成雪人的"三小只"，心里暗想：好好享受你们的游戏时间吧，回去一定有惊喜等着你们哦！

二、作文初体验

玩够了也闹累了，大家浑身湿嗒嗒地回到了家。刚进家门，"三小只"就叽叽喳喳地给妈妈描述雪地里各种好玩的事儿，诺米妈来了精神："你们看过也玩过雪了，可以试着写一篇作文，就写这场雪。写好后让姐姐帮你们修改。"

哈哈，一听这话，诺米乐了。就说了有惊喜，怎么样？"三小只"看看诺米妈又看看姐姐，没人敢拒绝。写吧！

只是，这状态好像不对啊！瞧，米大弟握着铅笔呆愣愣地看墙，半天没有留下半个字；米小弟倒是刷刷写得起劲儿，只是这字说是草书都有点对不起张旭大师，毕竟张大师写的叫书法，米小弟的叫瞎画；唯一正常的就是米小妹了，一笔一画地写着，简直是"三小只"中的一股清流。

十分钟，半小时，一小时……"三小只"总算有了成果。诺米先拿着米小弟的作文仔细辨认着各种字迹，越看越惊讶——不是写雪吗？这"雪花妈妈""雪花奶奶"是什么情况？哦，还有"雪花爷爷"！诺米看着满篇废话，冲米小弟招

招手:"米小弟,你要不要把雪花的太爷爷太奶奶也叫出来遛遛?"再拿来米大弟的欣赏欣赏。嘿,写个雪,米大弟愣是从早上怎么起床、吃早饭再到出门全部描写了一遍,看得诺米直想笑:"米大弟,要不要写上你早饭吃了八个馄饨、喝了一盒牛奶啊?"拿到米小妹的作文时,诺米总算长舒一口气——终于有个正常的了!虽然字数不多,但句句都在写雪。对于一年级的小不点,足够了!诺米毫不犹豫地给了米小妹一百分。

不论是米大弟和米小弟的满篇废话,还是米小妹的满分作文,这次写作初体验让他们都感受到了写作的痛苦和快乐。

三、生日"大作"

诺米的生日马上到了,"三小只"和诺米妈商量着要给姐姐送礼物。送贺卡?太俗!玩偶?太幼稚!最爱的棒棒糖?"三小只"倒是想,可诺米妈不想!思来想去,"三小只"决定还是每人写一篇作文送给姐姐做生日礼物。这个想法让诺米妈赞不绝口。什么有创意啦,不俗气啦,心意满满啦,各种夸赞就像那天的雪花一样,纷纷扬扬。诺米知道后,又是一阵吐槽:为了训练"三小只"的写作能力,老妈也真是拼了!

知道礼物是什么的诺米满怀期待——弟弟妹妹会怎么夸自己呢?漂亮可爱,聪明伶俐,尊老爱幼,懂礼貌,"五讲四美三热爱"的新时代好少年……诺米脑补了各种自己会被夸赞的词语,却万万没想到,有时候"插刀"的不是"敌人",而是自己的亲兄弟!

最先完成大作的是米小弟,诺米看到标题的瞬间,双眼的星星立马变成了一把把"飞刀"。"我的不省心的姐姐，她的眼睛时常散发出坏坏的光芒……"对，米小弟的作文题目就叫"不省心的姐姐"，真是让诺米满怀期待的心碎成了八瓣！

好不容易强忍"怒气"读完米小弟的大作，诺米觉得需要赶紧用米大弟的作文安慰一下自己，毕竟沉稳的米大弟可比鬼精灵的米小弟靠谱多了，平时也最佩服自己这个姐姐。《我的姐姐是只猫》？嗯，作文题目比米小弟的好多了，猫咪多可爱啊！可惜诺米高兴得太早了。"我的姐姐是只懒猫，遇到事情她会安排我们去做……我的姐姐是只肥猫，因为她又懒又贪吃……"诺米感觉自己气得要原地爆炸，这真的是自己那老实敦厚的米大弟吗？

弟弟是不用指望了，咱还有可爱的米小妹。相信最最善良的妹妹一定不会让自己失望。诺米小心翼翼地接过米小妹递过来的日记本，双眼眯成一条缝，偷偷地一点一点睁开。《狮子姐姐》？怎么在弟弟妹妹心中，自己不是猫就是狮子呢？可爱的小猫都能被米大弟写成又懒又贪吃的肥猫，凶狠的狮子会写成什么样？诺米胆战心惊地往下看——"狮子姐姐在家里威风凛凛，在外面她总保护着我们。"这头狮子好像还不错，可以放心地读下去了。"这就是我自信又温暖的狮子姐姐。"被夸的诺米瞬间把米大弟和米小弟抛到了脑后，还是米小妹给力，自己必须说上几句："米小妹，你的作文写得太好了，非常符合姐姐我的形象。再次一百分送给你！"

米小妹听见诺米的夸奖，得意地说："那是，娟娟老师教过我们，写作文的方法，我就在你身上试试好不好用，我厉

害吧！"说完还撇着眼看了看一旁被诺米忽略的米大弟和米小弟。

好吧，不管是米大弟、米小弟的调侃，还是米小妹的实验，小寿星诺米结结实实收获了三篇"很快乐"的生日礼物。只是，诺米觉得明年的生日坚决不再接受这样的礼物了。

从赏雪到写雪再到完成写姐姐的作文，至此，诺米妈训练"三小只"练习作文的目的完全达到了，诺米再一次觉得不怪"三小只"太天真，只怪诺米妈套路深！

新尝试　新惊喜

　　迈入四年级，从学校到班级，各项活动多到让诺米和小伙伴们惊喜连连，除了车尔摩斯丰富的语文拓展、暖暖老师开展的英语演讲外，倪老师数学课的形式也多了起来，还有那项诺米从来都没想到自己会爱上的舞台剧表演活动。生活真是多姿多彩！

一、舞台剧之王

　　诺米从来没想到自己有一天会喜欢舞台剧，也从来没想到自己还能上台来表演舞台剧，更没想到自己的舞台剧处女秀不是演人，而是一只袋鼠！

　　拿到《谁是大王》这个剧本的时候，诺米整个人稀里糊涂：演袋鼠？怎么演？再仔细一看剧本，好嘛，整个剧本全是动物，那还有什么思想包袱，演就行了！

　　当然，刚拿到剧本时诺米的表演水平距离可以登台演出还有八百里，还好后面还有一轮轮排练！袋鼠的角色注定了诺米只能可爱地双脚蹦跶。可是，背后传来哈哈大笑的声音是怎么回事？"诺米，你这是袋鼠跳吗？为什么像只兔子？还是一只肥肥的兔子。""诺米，袋鼠不是只会往前跳吗？为什么你的袋鼠还会后退？""诺米，袋鼠的前爪好像是这样的……"台下围观的小伙伴们叽叽喳喳地讨论着，一向爱和诺米斗嘴的袁圈也无情地嘲笑起了袋鼠诺米。这下诺米可不乐意了："哼，竟然说我是肥兔子！兔子有我这么可爱吗？兔子有我这么高大吗？我就不信自己做不好袋鼠跳！"

　　跳呀，蹦呀，兔子诺米总算跳成了袋鼠诺米。在导演的指挥下，大家又成功开始了新一轮的挑战——带妆排练。说是带妆，其实就是每人穿上自己角色的衣服，诺米的当然是袋鼠装了。虽说颜色不咋样，但咱尾巴漂亮啊。咦，对面那个长着胡须驼着背，一脸沧桑、老态龙钟的老虎是谁？是换人了吗？袁圈哪会演得这么像！这只老虎可是颤颤巍巍，随时要倒地的样子。袋鼠诺米一蹦一跳地来到老虎大王面前，仔细一看，就是袁圈。真没想到活力四射的袁圈装扮起来还真有老虎大王垂垂老矣的模样。诺米心中给袁圈的演技点赞，嘴上却不饶人："你这哪里是老虎啊，就是个病猫哇。"袁圈对她投以眼神暴击。

　　无视老虎的怒视，美滋滋的诺米穿着袋鼠服来来回回地跳着。忽然，一个大趔趄，袋鼠诺米咚地摔倒在地，身边原本还无精打采的老虎见状嗖地跑远了——不是去"老虎救鼠"，而是生怕被袋鼠给扑倒而马上躲远点，看得诺米对着老虎的身影咬牙切齿。唉，还是技术不到家啊，竟然自己把自己绊倒了。秉承"只

要我不尴尬，尴尬的就是别人"的思想，袋鼠诺米假装若无其事地站起来，继续投身到热火朝天的训练中。

终于，到了正式演出的日子。小动物们在台上欢乐地游戏着，袋鼠诺米蹦跳着上台，用标准的翻译腔说："黄莺妹妹，是你通知大家来开会的，你肯定知道。"话音刚落，袁圈扮演的老虎大王慢悠悠走上台，捋着胡须说道："咳咳，我老了。今天让大家来，就是要选出新的大王。"经过动物们的激烈讨论，猫头鹰拔得头筹。

这时，王小帅扮演的猫头鹰冲到前面，神气地说："现在我是大王，你们都得跟我一样，白天睡觉、夜里做事。"小动物们一听顿时闹翻了天，百灵鸟的声音最响亮："这怎么行，我都是白天做事、晚上睡觉，我的习惯可不能改呀！"猫头鹰仰头一瞥，骄傲地说："不行！这是命令！"小动物们好不容易熬到猫头鹰下台，袋鼠诺米上前来，提溜起猫头鹰扔到一边，自己走上前："猫头鹰当大王肯定不行，如果我来当大王，你们还是白天做事、晚上睡觉。"听到这句话，小动物们一片欢呼。可还没来得及高兴太久，就听袋鼠诺米说道："不过你们要和我一样，跳着走路。"说完，袋鼠诺米还做了几个标准的袋鼠跳，惹来观众的阵阵大笑……

表演当然很成功，不然诺米的袋鼠跳不就白练了嘛。至于下台后，扮演猫头鹰的王小帅直接向导演告状："老师，您说气不气人，本来说好袋鼠轻轻一拉我就往后退了，谁知道诺米用那么大力气，一拽差点把我给扔下台去。"不等老师开口，一旁沉浸在表演成功的喜悦中的诺米不好意思地吐了吐舌头，翻译腔又来："哎呀，尊敬的猫头鹰大王，袋鼠不是故意的，是入戏太深当了真，不要介意、不要介意。"惹来一众动物的阵阵欢笑。

后来，班里流行起了袋鼠的翻译腔："诺米诺米，是你通知我们来开会的，你肯定知道。""诺米诺米，是你通知我们举办活动的，你肯定知道。"还有一个"后遗症"，就是大家看见袁圈总会让他先走——尊老爱老的优良传统！至于王小帅告状的"仇"，诺米觉得接下来的舞台剧演出中，自己貌似要扮演王小帅同学的"母亲"，哈哈，这个信息足以让这只差点被扔下台的"猫头鹰"胆战心惊。

二、我当小老师

假期里，数学倪老师给大家安排了一项艰巨的任务——我当小老师。倪老师要求大家将自己的解题思路向大家说出来，并且用视频的方式教会大家。任务一下达，大家纷纷表示有点摸不着头脑——自己做题没问题，可当老师给大家讲出来该怎么讲呢？诺米心里也完全没谱儿，但任务还是要完成啊。

诺米先把今天拓展题的计算过程摆在书桌上，调好灯光和位置，把镜头对准了习题。一道题轻轻松松就讲完了，完成任务的诺米很快将视频发到群里。没想到，倪老师给出的反馈是：讲得很好，如果能面向镜头大大方方地讲解就更好了。诺米有点郁闷，讲解难度变高了啊。再慢慢翻看数学群的信息，原来，不管是开朗大方的田甜圈、调皮活泼的李大侃还是安静内敛的张小山，大家都不约而同地选择了镜头对准作业本。至于人脸，全在镜头外！于是，倪老师留言夸赞各位小伙伴头脑清晰、胸有成竹的同时，又有了新要求：勇敢地站在镜头前录制。面对倪老师的新要求，大家只能再次奋战。

白板、磁铁、白板笔、白板擦……当然还有视频主角诺米小老师。拍摄前诺米又捋了一下自己的思路，倒不是紧张，但是面对镜头讲题总有一种被万人围观的感觉。"三、二、一！"诺米妈倒数着提醒诺米录制马上开始。"我们先来看一下题目：有红、黄、蓝三种颜色的小球，其中红球和黄球一共21个，黄球和篮球一共20个，红球和篮球一共19个。你知道红、黄、蓝三种颜色的球各有多少个吗？我的想法是这样的……"本来以为无话可说的诺米此刻滔滔不绝地给大家讲解着思路："我们先假设红球是a，黄球是b，篮球是c……"终于结束了！诺米深吸一口气，感觉短短两分钟的讲解过程丝毫不亚于自己第一次上台演讲时的紧张情形。

当诺米将录好的视频提交后，发现很多人已经完成了提交。点开看吧，大屏幕，白板，甚至还有投影仪，小老师们个个口齿伶俐、头脑清晰，甚至还有人讲了三四种解题思路，实在令诺米佩服。

原本以为讲题活动圆满结束，谁知新学期开学后，倪老师还有一招在等着诺米——课堂讲题！有了前面的经验，诺米觉得难度不大。万万没想到，课堂讲题和录视频完全是两码事——四十多位小伙伴目不转睛地看着自己，还要考虑大家提出的各种千奇百怪的问题："为什么这个是两倍？""为什么c

减b？""直接求和再除以2不就可以了吗？"……反正一道题讲下来，诺米口干舌燥，还要记得倪老师反复嘱咐的要强调的内容：答题要完整、要举例子、要列竖式……看来，当老师也需要有十八般武艺啊！

不过，在讲解的过程中，诺米不仅体会到了老师的不易，也学会了如何把自己的想法说给别人听，学到了不少令自己脑洞大开的解题小妙招。果然，人生所有的经历都是财富！

祸兮？福兮？

哼着小曲儿的诺米正在耐心地等待着下课，等待着放学，等待着愉快的周末。丁零零！心心念念的放学铃声如约响起。美好的周末我来啦！睡懒觉，看电视，吃零食，玩游戏……想着想着，诺米就笑出了声。

匆匆做完值日，潇洒地和好友笑嘻嘻说"再见"后，诺米抓起书包便奔出教室，丝毫没有听到身后周周大声的呼唤，没有看到两侧桌椅对她的怒目而视，连踩到门外的一摊水迹也丝毫没有阻止她离去的脚步。

终于，诺米用最快的速度回到了温暖如春的家。脱下厚厚的棉服，扔下沉重的书包，沙发上一窝，打两个滚儿，真是天底下最舒坦的事情！一定要抓紧幸福的每分每秒。

丁零！手机上显示有新信息。是谁呢？点开一看，诺米妈的语音留言蹦了出来："诺米，你确定做完值日了？离开教室前和车尔摩斯汇报了吗？你看看群消息，自己处理吧。"一听这话，诺米刚才的舒爽全部化成了惊吓——妈呀，自己早把出门汇报这件事抛到九霄云外了，但是值日做了啊，有什么问题吗？一连串的疑问在诺米脑海中打架，诺米突然意识到一件足以让她噩梦连连的事——自己的"小辫子"貌似被车尔摩斯亲手抓住了！

祸兮？福兮？

　　本来没做好值日就错了，再不和老师打招呼私自离校，更是大错特错。这么长的"辫子"被车尔摩斯抓在手里，这下悲剧了！诺米都能想出来车尔摩斯有多生气。挨罚的事回头再说，现在最重要的是怎么平息车尔摩斯的滔天怒火。找个借口？撒娇卖萌？算了吧，这些招数几年前在车尔摩斯面前就失效了。想了半天，无路可走的诺米觉得自己还是乖乖承认错误为好，自己犯的错自己扛。

考虑片刻，诺米决定先给车尔摩斯信息中提到的帮忙善后的三位小伙伴发信息致谢。如果没有他们，诺米觉得自己会更惨。之后，再硬着头皮向车尔摩斯认错吧。此时，不强调任何理由就是最好的态度。

尊敬的车尔摩斯：

我怀着无比内疚的心情向您做出最深刻的检讨，请求您的原谅。

周五我既没有做好值日，也没有向老师汇报便溜之大吉。后来才知道，我离开后，教室里酸奶撒了一地，门口水迹成片，卫生工具胡乱堆放在门后，一切都是乱糟糟的。我现在认识到这是一种不负责任、无视班集体、缺乏纪律性的行为。同时，我没有尽到自己的责任，没有带领好同学，我应该为自己的行为负责。在此，我向您保证：

第一，今后我一定认真做好值日，不懈怠任何一次值日任务；

第二，放学前一定跟老师汇报，不能无视班级纪律，私自离开，让老师担心；

第三，吸取教训，以身作则。

最后，谢谢周周、袁圈和大侃三位同学帮忙善后。我也再一次深刻认识到，被车尔摩斯抓住无异于老虎嘴里拔牙，狮子头上拔毛。但是，有错就认，知错就改，我再次诚恳地向车尔摩斯和同学们道歉。这周我会利用午休时间打扫卫生，希望车尔摩斯能够给我一次改正错误的机会。

爱您的诺米

第一次写检查的诺米洋洋洒洒写了这么一大页，也不知道合不合格。

不管诺米是如何辗转反侧，周末两天很快就过去了。周一第一节语文课，作为班主任又是语文老师的车尔摩斯尽管因为感冒声音嘶哑，第一件事还是点名批评以诺米为首的没有打扫卫生和私自离校的同学。一顿排山倒海式的批评教育后，没想到车尔摩斯画风一转："在周五这件事情的处理过程中，只有诺米同学第一时间向帮助自己善后的三位小伙伴道谢，并认识到自己的错误，积极弥补。"诺米简直不敢相信自己的耳朵：犯错了竟然还有表扬？还是被自己刚"拔过毛"的"狮子"表扬？这到底是怎样魔幻的剧情！搞不清状况的诺米迷迷糊糊上完了一节课。

下课铃终于响起，诺米忍不住兴奋起来，正当庆幸自己躲过一劫时，一声带有鼻音的呼唤把诺米从"美梦"中惊醒："诺米，跟我来办公室。"

车尔摩斯在前面手拿戒尺，不紧不慢地走着；诺米在后面双手交叉，亦步亦趋地跟着。冬日的暖阳照在她们身上，拉出两道长长的影子，诺米望着车尔摩斯手中戒尺反射出的耀眼光芒，异常郁闷。

仔细回想自己最近几天的表现，周末作业按时完成，要做的任务也没有遗漏，轮坐在第一排，上课必须是乖宝宝一枚……除了上周五忘记打扫卫生这件事，诺米实在想不明白哪

里惹到车尔摩斯了。

"昨晚几点睡的？"刚坐下，车尔摩斯就貌似平静地发问。一瞬间，诺米便明白了此行的原因——不是周五的事情，而是睡觉太晚的账又被车尔摩斯记在小本本上了。诺米已经不记得被车尔摩斯记过多少笔账了！要知道，自己可是有个无比诚实的亲妈！车尔摩斯一句接一句的问话，让本就理亏的诺米无话可说，只好低着头哼哼唧唧地吐出几个字："今晚一定早睡。"

谁知道不说还好，一说完这句话，等待诺米的是一阵噼里啪啦："今晚？还加上时间状语了，那明天呢？明日复明日呢？"天啊，诺米竟然忘了对面是一位极其优秀的资深的语文老师！自己第一次接触"时间状语"的概念竟然是在这种情形下。

"你是不是想把谣言变成现实？"谣言变现实？诺米当然连连摆手。最近班里也不知道从哪里来的谣言，说诺米被车尔摩斯给敲了。如果今天将这谣言变成事实，丢人事小，手疼是真，万万不可！

诺米抬头又低头，悄悄地把双手放在身旁，手心向后，好像这样更有安全感一些。然后慢慢地、慢慢地、不可察觉地向车尔摩斯靠近，离这么近，车尔摩斯的法器总施展不开了吧？此时的诺米宁可被罚练三篇字也不想被敲一下。

"左手！"车尔摩斯平静的声音让诺米一震，打断了她的小动作。诺米抬起头怯怯地对车尔摩斯说："报告车尔摩斯，刚才上书法课的时候，左手挫伤了，不敢动。"说完便瞪着两只水汪汪的大眼睛望着车尔摩斯。

你问结果？结果当然是诺米因祸得福，大获全胜了。获胜的诺米回到家就向诺米妈得意地展示自己的战果。诺米妈疑惑不解地问："车尔摩斯难道没想起你另外一只手吗？"咦？是啊，原来车尔摩斯也有这么"笨"的时候啊！

跟着课本去"旅行"（上）

进入四年级，甭管是语数英科还是音体美，课堂都变得更加有趣好玩，让人恨不得跟着老师一头扎进课本里，来一趟自由的旅行。这不，诺米和小伙伴们就跟着各科老师来了一次又一次心灵的旅行。

一、圆周率背后的故事

马上就要到3月14日了，为了庆祝国际圆周率日，学校举行了一项特别有意义的活动——圆周率记忆大赛。倪老师在课堂上为大家讲解圆周率的来源，听得诺米好奇心大盛。一放学回到家，诺米就扑到了电脑前，查找圆周率的秘密。

古巴比伦的石匾，胡夫金字塔和圆周率，古希腊大数学家阿基米德，我国的古算书《周髀算经》、数学家刘徽和祖冲之……诺米看着网页上的信息，好奇不已。原本只以为是枯燥的数字，没想到无数数学家为它付出了这么多努力。不过祖冲之老爷爷也太厉害了吧，一千多年前，没有计算器，更没有计

算机，他竟然只凭着双手和大脑就能把 π 算到小数点后7位，怪不得1888编号小行星被命名为"祖冲之星"啊！

了解了 π 背后的故事，原先还抵抗背数字的诺米瞬间就淡定了——又不需要用手画上N个多边形，也不用算来算去，只是背一下先辈们的成果，有啥怕的！

3.1415926……3.14159265358979……3.14159265358979323846……的诺米专心背数字的速度就像倪老师反馈作业的速度一样，风驰电掣！她用两三天就已经背到了小数点后一百多位。其他人也不遑多让，积极参与的盛况也算不枉费一向严肃的倪老师在数学课上讲故事的良苦用心啦！

最终，诺米在倪老师的鼓励下走上讲台，顺利拿下第一名。对了，还有意外收获——也许未来几天的数学课，因为作业浮躁被倪老师盯上的诺米，没准儿还有"惊喜"！

二、体会《杨柳青》的美

"早（啊）晨下（啊）田露水多谑，嗬嗬依嗬嗬……"音乐课堂上，霓虹老师一曲《杨柳青》小调，一口酥掉牙的吴侬软语让大家惊为天人，不时传来"哇……哦……"的惊叹。

一曲唱罢，霓虹老师看着台下貌似听得入迷的一众小不点，眼睛一转，笑着问："你们知道我唱的是什么吗？"这个诺米知道，是江南小调《杨柳青》。七七八八的声音回应着霓虹老师。"那你们听懂了吗？"霓虹老师接着又问。听懂？真没有。同学们大多是打娘胎里就生活在北方的齐鲁大地，听吴侬软语像听天书一样，哪里能懂呢？看没人回应，霓虹老师强忍着笑意："听不懂啊，那我换一种方言来唱，你们再听听试试。"说完，又打开伴奏，咿咿呀呀地唱起来："杨柳叶子青啊嘘 七搭七呢嘣啊嘘……"好听是好听，比刚才的唱法还要软萌，可诺米觉得刚才的语言叫天书，这个则叫无字天书！打量着四周，诺米看其他人都是一脸陶醉中带着迷茫，原来大家都没听懂啊。

"霓虹老师，你唱得特别好听，可我们听不懂，这是哪里的方言？和刚才的有什么区别吗？"一向好学的唐果果忍不住问道。

霓虹老师冲大家温柔地笑笑，解释说："《杨柳青》是扬州民歌，我第一次用了苏北调，第二次用了苏南调，你们听的时候有什么感觉？"

"感觉旋律很欢乐！""感觉特别热情！""感觉像是很随意地在唱歌！"……大家纷纷发表自己对歌曲的理解。诺米也活跃起来："感觉像是行走在江南水乡！"等大家的讨论声慢慢停止，霓虹老师总结道："大家说得都很对，《杨柳青》小调就是明快又活泼，热情洋溢，曲调简短，可以随时随地吟唱，但又让人心情轻松愉悦，在江南地区特别受欢迎。我们大概了解了歌曲特点，现在大家和我一起再次走进江南美景，欣赏这首悦耳的小调吧。"

伴随着霓虹老师莺啼燕回的吴侬软语，在那声声《杨柳青》中，大家仿佛置身于烟雨朦胧的江南，来了一场跨越时空的音乐之旅。

三、澳大利亚"旅行"记

"澳大利亚是世界上唯一国土覆盖一整个大陆的国家，那里有很多独特的动植物和自然景观……"王暖暖老师正向同学们介绍澳大利亚这个独特的国家。听着听着，诺米出了神，好像又回到自己几年前在澳大利亚与各种小动物亲密接触的时光。

"姐姐，袋鼠！"还是小宝宝的米小妹，看到袋鼠兴奋得直拍手，流着口水的小嘴巴还不忘喊来姐姐诺米一起欣赏。

哇，真的是在电视和书上见过的袋鼠，跳跃着往前走，有几只大袋鼠的腹部前面还露出一个小袋鼠的脑袋。诺米还记得自己小时候听过的儿歌："袋鼠妈妈有个袋袋，袋袋里面有个乖乖……"亲眼看过后，诺米才确定，原来，袋鼠妈妈的口袋里真的有袋鼠小乖乖。

"姐姐，树上那是什么？"米小妹指着一棵树奶声奶气地问。诺米顺着手指的方向看过去，只见树上趴着一只胖胖的"小熊"，全身布满灰色的绒毛，只有脖子是一圈洁白的颜色，看上去软和极了；头上一对又大又圆的耳朵，像两把小扇子，眼睛倒看不出什么模样，因为它在闭着眼睡觉。

诺米惊喜地问一旁的诺米妈："妈妈，那是考拉吗？"得到肯定答复的诺米兴高采烈地冲过去，仔细看着昏昏欲睡的小考拉，它是真的懒，真不愧为树懒熊。诺米兴致勃勃地向管理员提出抱抱考拉的请求，征得同意后，诺米终于将考拉抱到了怀里！哇，原来它身上的毛有点刺刺的，没有看上去那么柔软啊。诺米对怀里的小考拉爱不释手，忽然，小考拉睁开了眼睛，圆溜溜的，像极了一对黑葡萄。

咔嚓！诺米妈眼明手快地抓拍到了这难得的一幕，照片里诺米和考拉四目相对，两只兴奋，两只迷茫，有趣极了。

"澳大利亚的国宝级动物有什么，你们知道吗？"暖暖老师的一句提问让诺米回了神。原来不知不觉中，诺米已经伴着暖暖老师的讲述来了一场澳大利亚"旅行"记。真期待下次再去神奇的大洋洲，再抱抱懒洋洋的小考拉。

跟着课本去"旅行"（下）

一、"天窗"的秘密

"你会从那小玻璃上面的一粒星，一朵云，想象到无数闪闪烁烁可爱的星，无数像山似的、马似的、巨人似的奇幻的云彩……"诺米望着窗户边留下的一道缝隙，心里默念着刚刚学过的课文《天窗》，耳边响起课堂上车尔摩斯的声音："最丰富的世界是你的小脑袋，它带你上天入地，穿云过海，当然，还有自己吓唬自己的时候。但现在在课堂上，大家先把自己的想象按下暂停键，晚上独处的时候再去体验。"

窗外早已夜色笼罩，只是城市的灯光让黑夜不再那么黑，诺米将自己的想象按下了行进键。楼下偶尔开过的汽车，明亮的大灯隔着玻璃照进来，让诺米有一瞬间的错觉。嗖！一道车灯闪过，这辆车速度真快啊！诺米对着睡得迷迷糊糊的米小妹说："米小妹，你看这辆车，我猜这个车主肯定是个急性子，或者是刚下班着急回家，说不定家里的女儿还等着他回去讲故事呢！"回应诺米的是米小妹熟睡的轻鼾声。忽而又一道车灯闪过，没收到米小妹回应的诺米，只能自言自语："这辆车慢了不少，不知道是不是一家人开心地聚餐后慢悠悠地开车回家？"

哎呀，透过一道小小的缝隙，自己竟然能想到别人的心事，真是神奇！透过缝隙，诺米又向另一个方向望去。咦，往日黑咕隆咚的办公楼上此刻竟然一片灯火通明？！是有人在忙没有做完的工作，还是装修工人在披星戴月地赶时间？想到诺米妈在书房中亮到很晚的灯光，诺米忽然觉得成年人的世界真辛苦！

一道黑影从窗外飘过，那是什么？诺米想，不会是一只和她一样晚上不睡觉的小鸟在外面扑棱棱扇动着翅膀吧？又可能只是被风吹起的一片枯叶，在风的作用下，不知疲倦地飞入茫茫大海，飞上高高的云层，去亲吻那如钩的月牙，也有可能半空中遇见另一片树叶，手挽手儿说起悄悄话……总之，那是一

道未知的黑影，诺米觉得自己可以把它想象成一切东西。

渐渐体会到"天窗"的乐趣，诺米越想越兴奋。直到诺米妈蹑手蹑脚进来，催促着让她赶紧睡觉，诺米才无奈地和"天窗"说再见，结束自己的"天窗之旅"，也许明天晚上还会看到不一样的风景呢！

二、"春节习俗游"

马上要过年了，这节书法课禾老师要带大家来一场紧随潮流的"春节习俗游"。大红纸铺满桌面，屏幕上显示着各种各样的"福"字，俨然一幅寓意美好的"百福图"。

"春满乾坤福满门，每当过年，家家户户都要贴'福'字，它是人们对美好生活的向往和祈祷，是幸福的象征。今天我们就来学习'福'字。"禾老师指着屏幕上的百福图，娓娓道来。"咱们先来看看这些'福'字，楷体沉静细腻，隶书端庄大气，行书活泼有神，小篆圆劲均匀。当然，我们在生活中还会看到把'福'字和寿星、寿桃、鲤鱼、龙凤等集合在一起的写法，不管是哪种写法，都象征着大吉大利，是人们对未来生活的美好期盼。你们可以开动自己的脑袋，看看能不能创造出更有意思的'福'来！"

诺米一听禾老师的建议，本来就跃跃欲试的心更加按捺不住。想起去年春节，自己写的"福"字，虽然不够专业美观，但还是被诺米妈贴满了整个屋子。如果今年自己的"福"字能更上一层楼，相信诺米妈更不会放过任何角落。

摊开洒金大红纸，指捏光滑羊毫笔，蘸取乌金油烟墨，一

股浓厚的墨香便在空气间氤氲开来，诺米提笔于纸上，慢慢开始下笔。由笔尖到笔身，浸着油墨的毛笔在大红纸上尽情扭动着身躯，每一次起笔，每一次"旋"，每一次收笔，都无不散发出笔墨的清香。终于，一个饱满的隶书"福"字写好了。诺米端详着自己的大作，感觉比过年时有了很大很大的进步。

看着同学们一个个信心满满、笔走龙蛇，诺米仿佛看到了过年时大家化身小小书法家，坐在桌前为亲朋好友送"福"的场景，真是期待啊！

写过"福"字，禾老师继续带大家穿梭在红红火火的过年习俗中：大红灯笼怎么挂，火红的中国结怎么编，对仗工整的对联怎么写……伴随着禾老师的讲解，大家提前来了一场"春节习俗游"。

三、甲骨文的穿越

今天的美术课是在线课程，美美老师在电脑另一端说要带我们来一场穿越几千年的神奇探险。探险？这是诺米的最爱。不过穿越几千年？那是什么时候？春秋战国？秦汉？直到美美老师点出今天的主题"甲骨文"，诺米才恍然大悟，原来是夏商周时期啊，那可真是三四千年前的事情了呢。不过，让诺米疑惑的是，美术课又不是历史课，和甲骨文有什么关系呢？

也许感受到了屏幕前大家的疑问，美美老师也不卖关子了，直接布置任务：用甲骨文创作一幅画。诺米还以为自己听错了——甲骨文作画？这怎么画？大眼瞪小眼间，美美老师打开教案，几个弯弯曲曲的符号出现在屏幕上，有的像条鱼，有的像禾苗，至于那只如同爬行壁虎的符号是什么，诺米想，会不会是木头？哦，还有那条"飞龙在天"是什么？

"老师，这是画还是字？"有人忍不住发消息问。

美美老师及时解答说："这些图也可以说这些字，大家知道是什么吗？这就是今天的主角甲骨文。它是中国现在能发现的最古老的文字，因为被镌刻或写在龟甲和兽骨上，所以叫作甲骨文。周周，你来连线回答一下，这个字像什么？"美美老师指着一条"鱼"问道。

"鱼！"电脑另一端的周周快速回答道。这么简单的问题，哪会难倒聪明的周周！

"对了，这条鱼就是个'鱼'字，不管跨越了几千年，我们都能从痕迹中解读出它，这就是汉字的魅力。大家看这个'小白龙'，你们猜猜有可能是什么字？"美美老师指着诺米以为的"飞龙在天"问。小白龙？难道这真的是个"龙"字？有小伙伴跟诺米来到了一个频道上，在消息框中打下个"龙"字。诺米刚想随声附和，又摇摇头，这实在不像"龙"字，印象中"龙"的繁体字可是笔画很多呢，这个有点简单。那是"飞"？诺米左看看又看看，好像确实有点像。"是'鸟'。飞在天上嘛，还有两个翅膀。"美美老师及时公布了答案，阻止了诺米天马行空的想象。

把所有图案介绍完后，大家就开始了今天的任务——甲骨文创作。诺米看着黑板上的文字，想象自己如果生活在三四千年前会做些什么呢？有山有水，那肯定有鲜美的鱼；有草有鸟，是不是证明有良田数倾？重要的是有一个必备工具——火！那就好办了，"日照香炉生紫烟，一行白鹭上青天，脚下良田禾苗壮，我在火边烤鱼香"。多么美丽的一幅画啊！

心中有了画面，手下自然有了章法。瞧，一节在线美术课让诺米穿越到了三四千年前，这"旅行"绝对是天下独一份！就算身体不能行走在天地之间，但心灵可以跨越时空的限制，跟书本一起去"旅行"。老师们有趣的课堂还在继续，诺米和小伙伴们快乐地行走在新的"旅途"中！

"吃货"的世界你最懂

对诺米而言，人生最大的乐事就是"吃"。她最大的愿望就是看遍天下美景，吃遍天下美食。每天她最关心的大事是——今天吃什么。诺米经常自诩为"美食家"，但小伙伴们给了她更贴切的称呼——"吃货"。

在"吃货"出没的地方，总有不一样的故事。

一、幸福地吃

对于刚入学几个月的米小弟来说，在学校食堂吃饭是一件很惬意的事情。对诺米来说，碰到米小弟在食堂吃饭更惬意，尤其是食堂阿姨做炸鸡米花的时候。

这天，食堂阿姨又做了美味的炸鸡米花，这可把诺米美坏了。要知道，在家里诺米妈一向很少让她们吃这种油炸食品，一会儿说热量高易上火，一会儿说高油温不健康。每次诺米都无力吐槽：亲妈呀，老爸还说过离开剂量谈毒性都是耍无赖呢！所以能在学校遇见这种难得的机会，诺米当然乐开了花，必须要吃得渣都不剩。这不，诺米一边嘴巴嚼着，一边还手下护着，为啥？防止唐果果和笑嘻嘻"偷袭"呗，要知道，她俩和诺米并称"三大鸡米花高手"。

一顿饭吃得风卷残云，当诺米意犹未尽地夹起最后一粒小油渣的时候，眼角瞄到有人在冲她招手，转头望去，果然是米小弟。诺米走过去，只见像小山一样高的鸡米花安静地躺在米小弟的餐盘中。"姐姐，吃吧！"米小弟看着自家姐姐眼冒绿光的样子，真诚地发出邀请。请自己吃鸡米花？竟然有这等好事！米小弟只看不吃？简直是暴殄天物！诺米觉得需要教育一下米小弟不能浪费食物，不过在教育之前还是先解决掉这美味

的鸡米花吧。唐果果、笑嘻嘻闻着味道也追了过来，加上诺米，三个人六只手，三张嘴巴吃得溜！没几秒钟，盘中的鸡米花就被消灭得一干二净，她们打着饱嗝慢悠悠回了教室。

自此之后，只要学校食堂出现鸡米花，她们几个总能享受到这种别样的优待。直到有天诺米妈大发善心在家做了一次鸡米花，米小弟鼓着腮帮子把自己吃成了一只小松鼠。诺米一阵纳闷：难道诺米妈厨艺见长，鸡米花比学校食堂的阿姨做得还好吃？尝一口，感觉很一般啊。那米小弟为什么在学校不吃，在家里却吃得这么欢乐呢？诺米好奇地询问米小弟这个问题，谁知却换来了米小弟的一个大白眼："那是特意给你留的，如果看不到你，我几口就解决掉了。"一瞬间，"吃货"诺米不知道是感动多还是嫌弃多，只觉得这鸡米花吃得也太幸福了！

二、忘情地吃

要说那老师和其他科学课老师有什么不同，诺米觉得最大的不同就是——那老师既是科学老师，又是学校校医。这就让那老师的科学课充满了各种知识碰撞的火花。

"你们喜欢吃馒头吗？为什么馒头越嚼越甜呢？身体是怎样把馒头变成人体需要的营养的呢？"正在讲解"消化与呼吸"知识的那老师两眼放光，问题像炮弹一般一个接着一个扔过来。

"吃的东西都带了吗？""带了带了！"混杂的声音中，李大侃的声音尤其响亮。他一边说话，一边把自己的展品高高举起，诺米扭头看的时候，差点没有笑喷——一个巨大的馒头！再看看其他人的桌上，有土豆、洋葱、西红柿、茄子、萝卜、大饼、米饭……诺米觉得，如果有个炉子有口锅，他们完全可以做出一桌"满汉全席"！

按照那老师的要求，四到六人一组，每组获得一份碘酒溶液。那老师告诉大家，这个碘酒是过会儿"魔法表演"的重要"嘉宾"。

在那老师的指导下，大家将自己带来的食物或切开或掰开，做好准备。不过，诺米发现身边的李大侃嘴巴吧唧吧唧的，难道在吃东西？诺米盯着他的嘴巴研究一阵，又低头看看他手中缺了一角的大馒头，顿时了然——禁不住大馒头的诱惑了呗。可是看着看着，诺米竟然发现自己也在悄悄咽口水。她用胳膊捣捣李大侃："馒头分我一块儿！"大方的李大侃也不问缘由，直接掰了一大块递给诺米，塞满馒头的嘴巴还嘟嘟囔囔："给你！这个大馒头太好吃了！"诺米两眼放光——看起来确实很好吃的样子。她迅速拿了一块放进嘴巴，嚼啊嚼啊，越嚼越香甜，真不愧是有名的山东大馒头！

有了李大侃和诺米打头阵，大家暂时也顾不上实验了，纷纷搜罗能吃的东西。顿时，咔嚓咔嚓咀嚼的声音充满了整个教室。那老师看着台下狼吐虎咽还不忘交流美食经验的"吃货"们，连忙敲敲桌子及时提醒。此时，大家才反应过来：哦，原来还有实验！

看着小组桌上仅剩的一小口馒头、一根黄瓜，还有一个完整的土豆，大家大眼瞪小眼中好像在说：这些做实验够了吧？事实证明，这些确实足够了。

那老师走到其中一个小组，拿起试管，往里面加入碘

酒。晃动后，将碘酒滴到馒头上。这时，馒头发生了神奇的变化——馒头慢慢变成了蓝紫色！看到这一幕，诺米惊呆了——难道"那医生"真会魔术？大家也叽叽喳喳讨论着，却谁也说不出道理。

听着那老师讲着淀粉和碘酒相遇产生的反应，以及吃馒头时会越吃越甜的原因（人体神奇的唾液把淀粉转化成了麦芽糖），诺米心想，这真是一场多学科知识互相碰撞的美食之旅啊！在那老师的精心讲解中，大家忘情地听着，吃着，思考着……

三、惊吓地吃

"好饿，好饿，真的好饿！"，书法社团还有十分钟结束，诺米的肚子却已经唱起了"空城计"。没办法，既然被叫"吃货"，就要对得起这个称号。诺米控制不住地把手伸向口袋，那里装着美味可口的小饼干！

诺米一边支棱着耳朵听动静，一边像小仓鼠一样用手轻轻剥着包装纸，好不容易剥开，趁禾老师不注意，低头塞进了嘴里。她太紧张，以至于没有听到老师说的最后一句话。

"诺米，你上来讲一下。"禾老师一如往常的温柔声音传来，可在诺米听来，不啻旱地起惊雷——上台？讲一下？自己现在的嘴巴能说出来话吗？紧闭着嘴，诺米抬头看向禾老师，只见禾老师向她点点头，示意她上台。好吧，上！不过上之前先把美食给吃掉！诺米慢悠悠地离开座位，慢悠悠地走在过道上，慢悠悠地转身面向大家。直到把最后一口饼干给吞下

去，她才笑着开口向大家问好。

刚一张口，禾老师便使劲吸了吸鼻子："咦，哪里来的一股饼干的味道？"呵，吓得诺米连忙闭嘴，又用牙齿给嘴巴洗了个澡，咽了咽口水，才又敢开口："禾老师，我没闻到呀。"说完咧嘴一笑，完全没觉察到自己嘴角粘的饼干屑。

于是，一场带着饼干味道的讲解开始了……

甭管是开心还是幸福地吃，还是尽情地吃，诺米一直以为老师们不会明白"吃货"们的"苦衷"。直到看到卫老师抽屉里那取之不尽、吃之不竭的美食，看到车尔摩斯在卫老师影响下逐步升级的各种小吃，她才明白：原来，"吃货"的世界，他们都懂得！

世间万物，唯爱与美食不可辜负！

秘密花园

诺米最近在读一本小说——《秘密花园》。她太羡慕玛丽有一个那么美丽、那么神奇的秘密花园了。恰逢清明假期，为缓解同学们居家上网课的枯燥无奈，各科老师默契十足地给大家留下大把时间享受美好春光，这可把诺米乐坏了。孙云晓爷爷之前不是也说嘛，只有亲近自然，突破城市化的束缚，天人

亲近自然，天人合一

101

合一，才能飞得更高更远。天人合一的境界暂时理解不了，不过这亲近自然嘛，还是很容易办到的。走，诺米带大家去她的秘密花园瞧瞧！

一、找春天

窗外到处是被春风吹绿的柳条，吹开的玉兰花，吹来的啾啾叫的小鸟。整个世界都热闹起来，仿佛在迫不及待地告诉人们：春天来了！诺米拉上弟弟妹妹，一起出发去秘密花园寻找那些隐藏在角落里的春天！

"三小只"就像树梢的小鸟一样叽叽喳喳说个不停，一会儿米大弟指着柔嫩的柳条，大叫"春天在那里"，一会儿米小妹指着冒出新芽的冬青，呼喊着"春天在这里"，一会儿米小弟又看到迎春花小小的花苞，抢着说"春天在花苞里"……大家一边走，一边笑，很快走到了一大片竹子边，这是诺米姥爷多年前种下的竹子，如今已经延伸成片、高耸入云了。诺米瞧着春风中返绿的竹叶，兴奋地问："刚下过一场春雨，会不会有春笋呀？我们来一场找竹笋比赛吧！两个人一组，看谁先找到！"听到这个提议，米大弟、米小弟和米小妹全部举手赞同，诺米决定和米小妹一组，米大弟和米小弟一组。

比赛开始了。大家分头行动，春雨滋润后的花园，似乎能听到植物生长的声音。四只小可爱猫着腰在花园墙角来回穿梭着，平时有点破皮就喊痛的米小妹连竹叶划过小脸蛋都不在乎，看来竹笋的魅力实在太大了。

有着丰富探险经验的诺米找来一根树枝做武器，低着头，弓着腰，瞪着眼，"武器"像个激光炮一样来回扫着地上的落叶，连每寸土壤都不放过，可竹笋却毫无踪迹。难道是今年的竹子偷懒不生笋宝宝了？还是春姑娘不够热情，没有召唤来竹笋宝宝们？不对，一定是哪里错了！诺米仔细回想着曾经看过的知识：春笋一般长在成年竹子周围，每根竹子都有竹鞭，而竹笋基本生长在竹鞭上，所以应重点注意竹鞭方向上是否有竹笋。诺米瞬间醍醐灌顶。

诺米悄声将诀窍告诉搭档米小妹。本来想要放弃的米小妹顿时也来了精神，拿着树枝沿着凸起的竹鞭仔细搜寻。没有，没有，这里也……咦，这里好像有！诺米兴奋地用双手扒开一堆残枝败叶，果然一个细细的棕褐色的小脑袋欲隐欲现。小脑袋将周围的泥土拱成微微隆起的小包，像火山口外沿般四周裂开，这是笋宝宝奋力拱出来的裂痕！"快来快来，我找到了！"诺米兴奋地喊来"三小只"，一起围观着这棵小竹笋，一会儿摸摸，一会儿看看，不觉地连呼吸都放慢了，生怕它会突然长出脚逃跑一样。

米大弟忽然咂咂嘴说："这个竹笋不知道能不能吃？"米小弟打趣道："你想红烧、油焖还是爆炒？"米小妹好像没听出米小弟的揶揄，一脸"到底选择哪道菜"的为难模样。诺米无奈地听着"三小只"七嘴八舌地讨论到底怎么做最美味，好像看到了眼前这根弱小的竹笋泪流满面的模样——"哼，人家费劲九牛二虎之力才钻出来，明明这么可爱，你们却总想吃掉我！"

幸好幸好，大家讨论来讨论去的结果，还是决定让小竹笋在这里安静地长大，也许很快，就能看到一根新长大的竹子，为秘密花园增加一抹新绿。

二、小蓝花

找竹笋比赛刚停罢，诺米和弟弟妹妹又开始了新的探索之旅，毕竟秘密花园中有这么多新奇的不知道名字的生物。对，就是生物——动物和植物。你看，那个小小的脑袋带着大大的身体的小可爱，远看像一只蚂蚁，可近看比蚂蚁肚子大多了。它是什么？"三小只"不约而同地看向自封为"百事通"的姐姐，却见诺米嘿嘿一笑，张口胡诌："它叫'大肚

子蚂蚁'！"机灵的米小弟拉住耿直的想要辩驳的米大弟和信以为真的一脸崇拜的米小妹，连忙认同说："姐姐是老大，姐姐说得对！"说着便跑远了，只留下原地稍觉尴尬的"老大"诺米。

"快来看，这里有一丛漂亮的花！"远处米小妹的呼唤声传来，刚被米小弟"打脸"的诺米听到也没多想，这么美的春天百花盛开，有什么奇怪的呢！不过，没有好奇心还能是诺米？她脚下不自觉地往"三小只"的方向走去，蹲下一瞧，咦，真是一丛美丽的花。一朵小小的似米粒大小的花朵，恣意开放，它的四个蓝色的小花瓣点缀在绿地上，和头顶湛蓝的天空遥相呼应，微风吹过，摇曳多姿，可爱极了。诺米在秘密花园中一路走来，看到的不是粉色的李子花就是雪白的梨花，不是娇嫩的桃花就是高贵的玉兰花，这种罕见的蓝色小花朵是什么呢？

虽然"三小只"又一次不约而同望向自己，可诺米吸取了刚才的经验，哪还敢胡诌！诺米摇摇头，慎重地说："我也不知道，需要请教车尔摩斯。"但令诺米没想到的是，一向博学多才的"万事通"车尔摩斯也被问住了，她也不知道这是什么花！不过，车尔摩斯就是车尔摩斯，很快，问过"百度百科"的车尔摩斯回复："这是一种杂草，可以入药。"可是，这花叫什么名字呢？诺米也拿出手机，在搜索框中输入"春天蓝色小花四个花瓣"几个关键词，瞬间蹦出来几张蓝色小花的照片，经过大家的对比确认，终于知道了小蓝花的名字——婆婆纳！原来这么清新脱俗的小花有个这么土气的名字。婆婆纳？诺米在口中咀嚼着，感觉多叫几遍还是很顺口的，那就多叫上几遍吧——啊，多么美丽的小蓝花，多么可爱的婆婆纳！

三、做竹笛

玩得尽兴的诺米没忘记自己还有一个任务没有完成——车尔摩斯要求写一件发生在春天的事情。诺米想了又想，想得最爱的棒棒糖都吃不下了，也没有想起来春天发生过啥印象深刻的故事。她忽然瞅见秘密花园墙角处的小竹林，于是便有了主意。

诺米悄悄在米小妹耳边说了几句话，就看到米小妹向家的方向奔去，去干吗？找帮手。很快米小妹拉着"工具人"诺米爸带着一把手锯走了过来。

诺米向老爸说清楚事情原委后，便等着老爸的下一步行动。不过，直插云霄的竹子看起来可不好被征服，诺米爸能锯得动吗？感受到诺米质疑的目光，诺米爸也不解释——空口无凭，咱手下见真章。他围着竹林转了一圈，选好竹子，让"四小只"退后几步，左手紧紧握住竹子，右手拿起一把手锯，咔嚓咔嚓，一根"美貌"的竹竿很快被拦腰截断。看着目瞪口呆的"四小只"，诺米爸解释道："这是新鲜的竹子，水分多，很容易就被锯断了。"

了解到事情原委的"四小只"不再纠结老爸的"锯竹神功"，欢呼着扛起好不容易得来的竹子来到一片空地上。顾不上喝口水，诺米又熟练地催促"工具人"诺米爸将长竹竿给截成了四十厘米左右的小段，并拿起一小段左右端详。然后，只见诺米向米小弟招招手，唤来后对着他一阵嘀咕，米小弟也向家里奔去，这又是做什么？答案很快揭晓。只见米小弟左手拿着铅笔、直尺和胶带，右手用袋子拎着一个工具箱走了过来。诺米到底要做什么？

拿着尺子和铅笔，诺米认真量着竹竿的尺寸并做出标记。米大弟数着，一共是做了十个记号。难道姐姐是要做竹笛？事实证明，米大弟猜对了！因为接下来，诺米又指挥"工具人"按照记号用电钻打孔。一个孔，两个孔，三个孔……糟糕，竹子裂了！诺米充分发挥"败不馁"的精神，重新拿来一根，继续指挥。不得不说，诺米爸不仅人长得帅，钻孔本领学得也快，第二根竹笛上的十个圆孔不一会儿便整整齐齐地钻好了。竹笛的雏形完成！

拿着自制竹笛，诺米兴奋不已，只是，这些毛刺还需要再处理一下。有什么好办法呢？诺米决定先将竹笛拍照发给车尔摩斯，一是为了请教毛刺处理方法，二是显摆一下。很快，车尔摩斯给了回信："笛子做得不错，打磨毛边用上弟弟和砂纸啊，效果保准好！"真是个好主意，米大弟先上！诺米找来几张砂纸，一股脑塞到米大弟手上。被赋予众望的米大弟左手抓着打好孔的竹笛一头，右手拿起一张生涩的砂纸来包裹住整个笛身，并用力地摩擦着。米大弟累了米小弟上，不消几个回合，竹笛的笛身和两端都被打磨得不再刺手。下面轮到诺米上场了，诺米小心翼翼地拿着美工刀，一点一点地削去笛孔周边

的毛刺，这可真是个细致活儿啊！一刀，一刀……终于，所有
笛孔都雕琢好了。诺米扭扭酸痛的脖子，再次将竹笛交给米
大弟。刺啦刺啦，米大弟继续和竹笛"奋战"，打磨下的碎
屑飘在地上留下一道道痕迹。费劲九牛二虎之力后，竹笛终
于光滑了。原来，弟弟和砂纸还有这种使用方式啊！真是万
能的弟弟，万能的砂纸！对了，还有无处不在、无所不能的
车尔摩斯啊！

贴上一小块透明胶带，诺米将属于自己的纯天然"诺氏"竹笛放在嘴边，按照平时练习的气息，没想到笛音一下子就出现了！虽然音色不准，也称不上悦耳，吹出的乐曲也不带仙气，但诺米表示对自己的手艺特别满意。这可是秘密花园的竹子打造的，千金难买独一份，给多少棒棒糖都不会换！

三天假期一晃而过，秘密花园之行圆满结束。虽然不能远行，但诺米和弟弟妹妹们一起找了笋，赏了花，把秘密花园给翻了个底朝天，蚂蚁有几只他们都几乎一清二楚了。虽然这方小天地没有玛丽的秘密花园那么神奇、那么富有魔力，但这是属于诺米和"三小只"的地盘，在这里，他们用自己的双眼和双手感知这个春天，感受世间的各种小美好，诺米觉得自己的秘密花园也是世界上独一无二的乐园。

秘密花园

"大管家"二三事

诺米一直觉得诺米妈是家里的"大管家",凡事没有诺米妈解决不了的,如果一次不能解决,那就两次。只是,最近诺米有一个重大发现——诺米妈的"大管家"技能好像有点失效了……

一、一片混乱的开局

诺米、米大弟、米小弟和米小妹,四只小可爱齐齐站在诺米妈面前,纷纷拍着胸脯表示自己居家上网课期间一定会认真听讲,按时完成作业,爸爸妈妈可以安心去上班。

理想总是过于美好,现实总会给人"暴击"。诺米他们第一天上网课就让诺米妈直怀疑昨天听到的保证是不是梦境!

因为米大弟和米小妹在同一个班级,所以四人上课用三个地方就足够了。诺米倒还好,毕竟两年前已经上过几个月的网课了。但作为一年级还没读完的"三小只",人生中第一次网课懵懵懂懂、恍恍惚惚。身担家庭"大管家"的职责,诺米妈这天特意将上班时间延后了两个小时，以方便在家里维持秩序。上课前十分钟，大家安安静静，表现不错。还没等诺米妈一口气喘出来，米大弟和米小妹就开始"作妖"首秀了。

米小妹："往那边一点，你过线了！"

米大弟："我没有过线，线在这儿！"

（两秒后）

米大弟："你靠边，过线了！"

米小妹："胡说，线在这儿！"

（五秒后开始新一轮关于是否过线的争吵）

无语望天花板的诺米妈只能拖着疲惫的身体过去调解矛盾。大家要相信，诺米妈的威严真不是盖的，不用一言一语，只需要在门口扫一眼，争吵不休的两个人就乖乖闭嘴了。巡查到另一个房间，看着一向机灵搞怪的米小弟安安静静，诺米妈心里多少有了点安慰。只是，米小弟的手在干什么？为什么一直在屏幕上点个不停？好奇的诺米妈悄悄走近。不看不知道，一看吓一跳。米小弟竟然边上课，边在班级群里聊起了天！刷刷刷，各种知道的不知道的、看懂的看不懂的名词符号扑面而来。诺米妈觉得刚才自己的欣慰实在来得有点早，现在只想心碎！解决了米小弟，回到刚才的房间，诺米妈蓦然发现电脑前咋少了一个孩子？米小妹看到疑惑的妈妈，机灵地伸手指了指桌下——米大弟选择到桌下听课！不问不知道，一问又有个惊喜！米大弟说因为以前看到姐姐坐桌子上听课，所以自己才试试到桌下听课的感觉。这理由"真棒"！诺米妈二话不说直奔书房，果然看到坐在桌子上晃荡着

两条腿听课的诺米。

一节网课下来，"大管家"已经无力望天，看着四个娃排排坐的背影，她弱弱地问："孩儿们，咱在学校里也这样听课吗？"

二、受折磨的录音师

话说自从诺米妈发威后，多多少少减轻了一些上课时的混乱，只是每天的作业提交，还得诺米妈一个一个来。平时的背诵、朗读还好，甭管诺米还是"三小只"都不在话下，诺米妈的录音和录像技术也被打磨得登峰造极，进展颇为顺利。只是没想到没被语数英难倒，诺米妈却栽倒在了音乐作业上！

众所周知，米大弟和米小妹唱歌都不靠谱。这天的音乐课学习新歌。学的时候当然开心，他们唱得也很嗨。只是到提交作业的时候，一切美好轰然坍塌！

"啊……啊啊……"米大弟高亢的声音穿透层层房门和墙壁直达诺米捂着的耳朵，除了录像的诺米妈无处可逃外，米大弟洪亮的嗓音成功使得其他人闭门不出，耳机、耳塞等武器重出江湖。一遍，两遍……终于，米大弟的歌唱作业可以上交了。下面是米小弟的音乐时间。如果此时你觉得诺米妈可以松口气了，那就大错特错了！

"啊……啊啊……"平时音乐水平在线的米小弟，这次以完全不输米大弟的歌唱声再次向大家展示了什么叫"宫商角羽——五音不全"。诺米妈此刻已经放弃抵抗，不想说话，不想尝试，只想快快结束这折磨人的歌唱声。哦，那可不行，还

有一位米小妹没有录音呢！

来来回回折腾了一个多小时，三份音乐作业总算提交完毕。诺米看到诺米妈无奈地给音乐老师留言："老师好！我已尽力，孩子唱的仍是魔音，辛苦老师了！"

三、崩溃的"大管家"

米大弟、米小弟和米小妹今天的作业是将新课的生字各写三遍。正在和这字帖奋战的诺米羡慕不已——才三遍，自己可是要练习三篇！没想到，这正数和倒数都只有七个的生字，愣是让诺米妈感到快要崩溃了。

"米大弟，二十分钟了，你才写好了一个字！"诺米妈坐在"四小只"旁边，看着写了擦、擦了写的米大弟，无奈地提醒着。米大弟抬头看了眼墙上的挂钟，又低头趴在桌面上，从

左边观察下，再扭头从右面端详下，然后问出了一个让诺米妈泪流满面的问题："妈妈，你看看我这个竖是不是写在了田字格中间？我怎么感觉偏左了呢？"诺米妈深吸了一口气，眉毛一挑，用露出八颗牙齿的标准微笑鼓励米大弟："我感觉是在中间的，你看多标准啊！请你开始写下一个字吧。"得到肯定的米大弟这才放过了第一个字，研究起了第二个字。

"妈妈，我写完了！"米小弟邀功似的把作业本递了过来。诺米妈接过一看，这些龙飞凤舞的到底是什么？狂草吗？看老妈脸色不对，米小弟连忙辩解道："妈妈，我速度快吧，哥哥还在写第二个字呢！"好吧，你写得快，但咱能不能让这些横竖撇捺别分家，好歹组成个字呀！

还没解决完米小弟的作业，那边诺米已经欣赏起了自己的"大作"："横平竖直，撇捺有度，我写的字咋这么好看呢？"好吧，一个追求完美的米大弟，一个毫不在意的米小弟，再有个自我陶醉的大姐，诺米妈看着一旁虽然写得不好，但却在认认真真写字的米小妹，觉得这是自己彻底崩溃前最后的安慰了。

四、吓跑人的理发师

居家生活是有要求的，"两点一线"，除了购买生活必需品，诺米和家人尽量减少外出活动。可是，各种问题随之而来。比如，家里四位男士该理发了！诺米姥爷、诺米爸、米大弟、米小弟一个个揪着自己长长的三千烦恼丝无计可施。

身为"大管家"的诺米妈，看着大家愁眉苦脸的模样，决定捡起自己的"老本行"——理发。虽然很久很久以前，诺米妈给诺米爸只理过一次发，但从时间的长短上来说，也是个老牌理发师了不是？有总比没有强。

大家怀着激动又忐忑的心情等来了诺米妈开剪的日子。可是，谁先上呢？诺米姥爷？诺米爸？米大弟？米小弟？诺米姥爷大手一挥："没人上那就按照从小到大的顺序来，米小弟先上！"这……这……好吧，反正他平时最黏诺米妈，小嘴巴的甜言蜜语总把人哄得心花怒放，更何况他明天要拍摄抗击疫情的公益MV，理个发精神些上镜头，多帅啊！就这么定了！

米小弟倒也十分配合，一副"完全相信自己老妈就是手艺高超理发师"的模样。洗头，吹干，披上围裙，端坐在椅子上，静等大师开剪！诺米妈一顿准备，自信满满地上场了。左

手持梳子，右手拿推子，嗡嗡一声响，还不等大家看清楚，就听得诺米妈一声惊呼："糟了！"原来，诺米妈激动之余忘记给推子装卡尺了！只见米小弟乌黑的发丝间赫然出现了一块光溜溜的头皮，要多滑稽有多滑稽。见证整个过程的诺米憋着笑的身体像个小筛子一样直抖，围观的诺米姥爷和诺米爸，像是忽然想到了什么，抱着脑袋嗖嗖跑开了。

米小弟还呆愣愣地不知道发生了什么，看大家都笑个不停，连忙对着镜子左转转右转转，终于看清了自己的模样，也忍不住大笑起来。看着身旁强忍笑意的老妈，米小弟善解人意地说："老妈，不怕不怕，我这么帅气的脸，配光头正合适！"真不愧是机灵又嘴甜的米小弟，这台阶给诺米妈递得是恰到好处！只是，诺米大感不解：你到底是从哪里看出来老妈"害怕"了呢？

最终，米小弟顶着他电灯泡一样的光头小脑袋完成了他公益MV的初秀，而诺米姥爷、诺米爸和米大弟已经不再为自己的发丝烦恼了，不是因为没有烦恼，而是因为一看到米小弟的光脑袋他们都不敢烦恼了！

甭管是网课还是作业，是"三小只"还是"四壮士"，居家的烦恼，"大管家"诺米妈最明了。不过诺米觉得老妈还是一如从前、无所不能的亲妈，两次不行就三次，三次不行就无数次。反正呢，折腾和被折腾的都不是自己！诺米妈威武！诺米妈加油！

一场字与画的"战争"

"一、二、三……写了这么久，怎么还有五行！"诺米坐在书桌前，无语望苍天。车尔摩斯是怎么想到每天都要摘抄半页好词好句这么折磨人的作业的！一向不喜欢写字的诺米，几天下来感觉自己的手都快废了！

为了防止自己算错数，诺米掰着手指头又数了一遍：一页纸二十行，一半是十行，自己刚才抄写的这一段话有五行。看着剩下的五行空白格，诺米觉得自己数学还算合格，没有数错。如果你觉得诺米就这样认命，那就太小看她这个点子王了。

抬头看到书桌旁边的彩铅，诺米来了主意：字不够，画来凑。这样别说是一页纸，就是一整本，诺米也能麻利地画出来。要知道，虽然都是用手握笔，不爱写字的诺米最大的爱好却是画画，你说奇怪不奇怪？

　　找到解决方案的诺米，二话不说就把想法变成了事实。画上一片青草地，画上一只小蜜蜂，再来朵可爱的小蘑菇，寥寥几笔，一幅充满童趣的春天画面就填满了整个空白处。诺米欣赏着自己的画作，伸长胳膊打量了一下，感觉自己整个作业本都提升了好几个档次，相信车尔摩斯一定也会交口称赞。诺米为自己能挖掘出这样一个既可提升作业品位，又可提高写作业效率的好方法而感到无比骄傲！当然，能让诺米开心的原因，"成功偷懒"必须排在第一位！

　　晚上交作业时，诺米兴高采烈又忐忑不安地把自己的大作拍照发群，却没想到车尔摩斯啥也没说。诺米觉得车尔摩斯一定是被自己美观大方的作业本震惊了。首战告捷，诺米特别兴奋，原来这种"捷径"真的可以行得通！

　　第二天又到了抄写好词好句的时候，诺米想起自己见过的一只小猫，索性在作业本四周画了四幅神态各异的小猫咪，别说是五行空白格了，就是整个页面也快被填满了，只留下中间短短的几行。诺米看着夹缝中的空白，嘿嘿一笑，三下五除二就抄写满了。只不过，这次迎接诺米的是车尔摩斯的一顿怒火："投机取巧！上次画画面积不大我睁只眼闭只眼，今天还得寸进尺了？一张纸上最多只能画两幅画，再像今天这样画满整个作业本，后果自负！"哎呀，糟糕，车尔摩斯老虎要发威！感觉自己也有那么一些"过分"的诺米，决定明天一定严格遵守车尔摩斯的规定，两幅画就两幅画，总比没有强。

　　第三天，刚被批评过的诺米老老实实地在作业本上画了一个小太阳、一棵小树苗，空白处方方正正地抄写上词句。虽然诺米觉得整个版面有点空，完全不能体现自己的美术造诣，但想想车尔摩斯的怒吼，诺米觉得自己这几天还是先夹紧尾巴做人的好。

第四天，第五天……平安无事度过了几天，诺米觉得自己又有勇气可以稍微挑战一下车尔摩斯的底线了。只做一点改变，万一车尔摩斯看不出来，自己岂不是就胜利了！想着想着，诺米就把小树画成了大树，小枝丫画成了长柳枝。哎呀，不好，好像过于嘚瑟，画面太大了！重新画？不行不行，你看这柳树多么婀娜多姿，这柳叶多么柔嫩细滑，这色彩多么鲜艳美丽。重画是不会重画的，那就这么写字吧。果真，有一处柳条悄悄越界，挡住了这一行的字。不过，诺米对今天自己小小的冒险还是比较满意，毕竟画面美丽了许多，数一数大概还少写了30个字呢，自己的右手都激动得跳舞了！

茂盛的柳树，少写的字词，欢呼的右手，果真还是没有逃过车尔摩斯的火眼金睛。"第一，画不许这么大幅，我看的是摘抄本，不是漫画书；第二，从明天开始只能画一幅，多余的画到美术本上去；第三，再投机取巧，别人写半页，你写一页！"读着信息，不用看见真人，诺米就能想象车尔摩斯有多么咬牙切齿。看来，下次一定要小心再小心了，不然被车尔摩斯再抓住一次，自己这把米不"熟"也得脱层皮。

经历了车尔摩斯第二轮怒火的诺米，做了几天乖宝宝之后，又不甘心地向车尔摩斯发起了第N次挑战——不能

在画的面积上做文章，那就在每行的字数上花心思。所以，诺米当天摘抄的好词好句是五言古诗——每行只有五个字，一首绝句二十个字就可以占用四行，不能不说这是一个伟大的创举！

当诺米抱着"大义凛然"的姿态交作业时，万万没想到等来的却是车尔摩斯的"投降"！原来啊，据车尔摩斯说，她小时候也用尽各种办法在摘抄本上写写画画，生生将作业本发展成了美丽实用的艺术品。诺米这是妥妥地"徒承师业"呀！

没想到一本寒假作业引发的这场字与画的"爱恨情仇"、师与生的斗智斗勇会以这样的方式结束。诺米觉得，车尔摩斯一定也觉得二次创作的艺术摘抄本比光秃秃的作业本好看多了，所以自己才能幸运逃脱。其实，诺米还想对车尔摩斯说："车尔摩斯，您是不是在心里认同了我的艺术创作，所以故意'放水'了啊？您是不是从我的创造中回忆起了自己的童年时光呢？不过，您永远都是我们心中的'快乐宝宝'！"

复课风波

"拨开云雾见天日，守得云开见月明。"在春花灿烂的四月，诺米和小伙伴们终于迎来了复课通知。大家都知道，网课期间，车尔摩斯虽然人在家中坐，但余威不减当年，却没想到，这余威一直蔓延到了复课日。

一、重新立规矩

阔别多日，终于又回到了熟悉的校园和教室。还没等大家从"一日不见，如三秋兮"的感慨中回神，"老虎"便威风凛凛地进了门。

"上课！""起立！""老——师——好！"懒洋洋的声音在教室里此起彼伏地响起，让人听着昏昏欲睡，还有反应慢半拍的小伙伴等大家话音快停了才晃悠悠站起来。"坐下，重新来！"听到车尔摩斯低沉的嗓音，诺米猛地抬头，有情况！第六感告诉诺米要及时挺直脊背。

"老——师——好！"依旧是拉长的绵羊音，这让诺米不禁担忧起来——亲爱的小伙伴们，你们这是怎么了？难道没人注意到车尔摩斯的"杀气"吗？果然！"坐下，再来！别拖音！"

"老师好！"总算没有绵羊音了，能勉强入耳。只是教室中回荡的桌椅拖拉声、文具掉落声，各种噼里啪啦的声音是啥情况？诺米的神经一直处于高度紧张状态。

车尔摩斯听到后，眉头都没皱一下，只是沉稳地说："老师不太好，坐下！再来！"明明是平静无波澜的语气，诺米愣是从里面听出了十面埋伏的紧张气息。是谁复课第一天就惹着车尔摩斯了？"老师好！"貌似车尔摩斯释放的"杀气"悄无声息地就有了成效，诺米听着这一声问好比刚才响亮多了，脆亮的喊声震得诺米耳朵都痒痒了，连起立时的板凳拖拉声也几乎听不见了。"同学们好！请坐！"总算过关了。只是，真的过关了吗？

车尔摩斯淡定地扫视一圈，沉稳地说："李大侃，你的制服为什么不系扣子？张小山，衬衣最上面的扣子要系好。唐果果，把红领巾系好……"诺米一边听着车尔摩斯重新给大家立规矩，一边掰着手指头，嗯……全班四十四人，车尔摩斯点了十八人的名字，占比大约百分之四十，还可以，还可以！

二、复课测试

还没等消化完车尔摩斯的怒火，小伙伴们又迎来一锤"重击"——明天进行随堂测试，验收一下大家的网课学习成果，更可怕的是语、数、英三科门门不落！

收到消息，教室里一片哀号。要知道，这一个月的网课，大家都在家放飞、乐不思校了，这学习嘛，自然好不到哪里去。不过，诺米前几天刚在心理课上总结完自己的优点，十根手指头绝对不够数的。这就导致了现在的诺米别的没有，自信心倒是大增。那还有什么好担心的呢！

测试完的第二天，车尔摩斯顶着一张黑包公的脸走进教室。一看这情形，大家满脑子就回响起两个字：惨了！

试卷发下来，一节课在车尔摩斯耐心的讲解中总算有惊无险地结束了。大家默契地表示：车尔摩斯很生气，心情极度糟糕，没事别靠近，防止侧面"误伤"；有事说完赶紧跑，防止正面"捕杀"！甚至还有人怂恿诺米去以身为饵，引诱车尔摩斯将怒火爆发出来，这样大家会比较安全。袁圈文绉绉地说这叫"牺牲米一个，幸福千万家"！

玩笑归玩笑，大家看着手中的试卷，时不时有个红色的大"×"，这可不是个好兆头。"大侃，你的阅读理解竟然都没有写？回家怎么向你妈交代？"不知谁拿着李大侃半张空白卷幸灾乐祸地问。

"不用交代，因为我觉得我挨不过今天晚上。"李大侃一副生无可恋的模样，忧愁地望着窗外，仰天长叹一声："车尔摩斯，救救我吧！"

看着群魔乱舞的一众小伙伴，诺米表示："本宝宝压力也很大！"果然不出所料，晚上回家，诺米妈显然已经知道了考试结果，只是淡定地告诉诺米："语数英老师都在群里说要好好关注一下各家的娃儿，你懂的！"诺米冲老妈做个鬼脸跑开了。你以为她去埋头读书去了？大错特错！诺米去给车尔摩斯发信息了。

"车尔摩斯，这次大家语文没考好，我觉得您需要负主要责任。首先，考试前，您没有用'罗森塔尔效应'激励我们，造成我们信心不足；其次，英语暖暖老师给我们考试满分的每人发了一根棒棒糖，您没有奖励，我们就没有动力；最后，因为妈妈出差，考试那天没人给我扎美美的小辫子，严重影响了本人的发挥。"

诺米不知道对面的车尔摩斯什么表情，反正"没考好"这口黑锅找到了主人，自己一身轻松。至于明天车尔摩斯会怎么办，那就明天再说吧！

三、特别的自习课

"诺米，我明天出去开会，协助纪律部管好纪律。记住！不许告诉大家。"拿着小面包吃得正欢的诺米，听到车尔摩斯的话后顾不上嘴边的美食。什么？车尔摩斯又要外出了？还不许告诉大家？

可是，车尔摩斯也许不知道吧，现在只要前门不出现车尔摩斯的眼，早上从后门没有发现车尔摩斯的脸，前面几节课再没看到她的人影，基本就能确定车尔摩斯不在校了，这还用自己说吗？不过，大家琢磨出来的"车尔摩斯出差定律"，诺米暂时还不打算告诉她。

"我第三节课就回来，别忘了把速跳比赛的视频给卫老师送过去。听到没？"

"听到了。"诺米乖巧地回答，然后在心里暗暗吐槽："拉倒吧，车尔摩斯，我们放学前您能回来就怪了！速跳比赛的视频可是下午五点才截止，要是您第三节课能回来，还用嘱咐这些吗？"

"还有，不要让我知道你带头'作'！"

"不会不会，除了您，大家都认为我是乖宝宝。"

……

第二天，正如诺米所料，同学们很快便嗅到了不同，猜出了门道。只不过因为车尔摩斯的事先安排，前面几堂课一切正常。被迫维护纪律的诺米和有机会反抗纪律的几个小伙伴也和谐相处，暂时平安无事。

第四节课到了，诺米迎来了一天中最重要最有挑战性的一

复课风波

节课，也是大家非常、特别、十分喜欢的自习课。

坐在座位上，侧耳倾听，除了翻书的哗哗声和写字的沙沙声，没有其他动静。看样子，大家到了四年级真是长大了，点个赞！走上讲台看情况的诺米，突然惊觉刚才听到的都是假象！不是大家长大懂事了，而是反侦察水平更高了：看那边，和同桌交头接耳的李大侃手舞足蹈，还时不时写下一行字，无声交流得不亦乐乎；看这边，最爱手工的唐果果虽然眼睛盯着书本，但手里的橡皮泥千变万化，一刻不停歇；再看离讲桌最近的一排，趴着的，仰着头的，托着腮的，呼呼睡大觉

却没有发出一丝鼾声的……真是"耳听为虚，眼见为实"啊！可不得不说，没有闹出太大动静，可见大家都还比较克制。思来想去，诺米拿起一根粉笔，转身在黑板上写下几行字。还没来得及转身，刚才还算安静的教室瞬间像是飞进了满屋子的蜜蜂，嗡嗡嗡，嗡嗡嗡。好吧，诺米突然觉得自己这个招数失败了，车尔摩斯回来一定会找自己算账。

好的不灵坏的灵。"听说自习课你在黑板上瞎划拉？"车尔摩斯一如诺米所猜，是在三节、三节又三节课之后出现的。

"没有啊，我就是写了几个字嘛。"诺米第一时间为自己"喊冤"。然后把自己印象中的几行字告诉车尔摩斯：

聊天有风险

开口需谨慎

回头请三思

下位讨苦吃

待到车老归来时

他/她在笋上笑

"说得太对了！"没想到车尔摩斯竟然夸起了诺米，"是谁想在笋上笑啊？"这……这……诺米连忙否认："不是我！我可不想吃竹笋炒肉！"甭管是谁，先保自己小命要紧，其他都不重要！

就这样，复课第一周，经历了几场风波，这让诺米觉得校园生活又恢复了往日的多姿多彩，实在是开心。相信将来还会有更多精彩的故事等着自己去发现！

戒尺"涅槃"

一、戒尺"迷案"

最近几天，班上发生了一件情理之中又意料之外的事——戒尺二号又坏了！

要知道，自从第一把戒尺被大家"蹂躏""牺牲"后，这把戒尺二号可成了车尔摩斯的宝贝，严格看管，防止再次被陷害。可现在，它竟然在重重保护下又坏了，这是怎么回事？车尔摩斯可说了，这属于破坏行为，非常不可取。认真聆听车尔摩斯教诲的诺米，忽然感觉后背凉飕飕的，像被无数人盯上了一样。

"叮铃铃"的下课铃声打断了诺米的思考。想出门玩的诺米在车尔摩斯出门的刹那间被团团包围。

王小帅气愤地问："诺米，真不仗义，这么好玩儿的事怎么不喊我？"

周周不甘心地说："竟然不带我们玩，说好的好伙伴呢？"

笑嘻嘻满脸疑问："我每天都和你在一块，没发现你啥时候做了件大事啊！"

李大侃义愤填膺："不仗义，绝交！"

……

诺米无语望天，这都是什么啊？戒尺这事真不是自己干的！可是就算诺米磨破嘴皮解释，谁信呢？要知道，上次新书发布会上，大家表演的折磨戒尺那一幕可是非常成功，令人印象深刻啊！

没办法，诺米第一时间找到车尔摩斯："车尔摩斯好！戒尺的事真不是我干的！"没想到车尔摩斯很坚定地说："不是

你干的，也是你教的！"听着车尔摩斯斩钉截铁的话语，诺米哭笑不得——有前科的人辩解无效！自己这次可真是跳进黄河也洗不清了！诺米这句话倒说对了，因为黄河的水本来就黄，怎么会洗清呢？

断断续续几天，戒尺"迷案"一直没破，破坏戒尺的"罪名"就这样落在诺米的头上，哦，对了，还多了一个"不仗义"的光荣称号。

二、戒尺"涅槃"

话说这天被"神兽"们差点气疯的车尔摩斯想起来了她的"武器"，几步走到讲桌旁，翻出了前几天开裂的戒尺。她一边尝试着修复，一边警告"神兽"们："我现在就把它修理好，它修理好了你们也就好'修理'了。"每个人都大气不敢出，谁敢在这个节骨眼儿向前伸头，那不是嫌自己脖子长嘛！

假装低头的诺米眼瞅着车尔摩斯一会儿拿着咧嘴笑的戒尺，来回比画着，似乎在想办法让戒尺重新焕发生机；一会儿又仔细盯着开口的地方，用手摸摸戒尺上的裂痕。好像是想到了什么办法，车尔摩斯的脸突然阴转多云，头也不抬地沉声说："胶带！"安静的教室瞬间更是寂静无声。诺米愣了一下回过神儿来——车尔摩斯在向大家借胶带！干什么？粘戒尺吗？那谁能借！诺米带着一脸问号悄悄转了转脑袋，发现刚才还专心等着车尔摩斯研究戒尺的小伙伴们或低头盯着面前一直没有翻动过的书，或"沙沙"地写着自己都不认识的字，又或

是和诺米一样滴溜溜转着小眼睛……人生百态，没有胶带！

诺米用胳膊悄悄碰碰同桌："小忽，你把胶带借车尔摩斯呗？"没想到对方直接朝诺米翻了个可爱的白眼："你是让全班人都恨上我吗？"好吧，看来其他人都和自己一样的心态啊。

无人回应的车尔摩斯环视一圈，刚多云的脸蛋儿又转阴了，直接朝离得最近的周周伸手："周周，胶带！"好嘛，直接点名啊！被"赖上"的周周哪敢不从？他慢慢拿起笔袋，再慢慢拉开拉链。"快点！"好吧，周周无奈地拿出胶带，双手奉上。

刺啦，刺啦！车尔摩斯专心缠胶带的声音让诺米心惊。谁希望自己头上随时悬着一把"尚方宝尺"呢！像是过了五百年那么久，终于，声音停下了。诺米看着缠了有十几圈胶带的系着厚厚"腰带"的"大法器"，她想，车尔摩斯应该很满意自己的杰作吧！欣赏完自己作品的车尔摩斯，手再次向周周面前一伸："剪刀！"承载着全班目光的周周，又一次打开笔袋，拿出剪刀，慢慢悠悠，双手奉上，诺米好像听到了大家一声声的叹息……诺米百感交集，正所谓：戒尺"迷案"，无奈背锅；戒尺回归，殃及你我。

开在春天里的语文课

　　这个春天过得不一般。疫情卷土重来，诺米学校暂时停课，注定了这个春天和两年前的春天一样，居家上网课。对于网课，诺米是痛并快乐着，快乐是因为不用再绞尽脑汁和车尔摩斯斗智斗勇，痛苦恰恰也是这个原因，真是充满矛盾啊！

　　虽然不能每天和车尔摩斯来个亲密拥抱，但诺米依旧被网课那头儿车尔摩斯的各种神操作深深吸引着，这段特殊时期，开在春天里的语文课有趣极了！

一、春日里的琅琅诗歌

　　"'诗者，吟咏情性也'，大家仔细想想，你们从这首诗中看到了什么？绿的风，绿的水，绿的世界，表达了作者怎样的感情？"车尔摩斯在网络的另一端声情并茂地引导着大家体会诗歌中的感情。

　　这一单元的语文课文全是诗歌。《繁星》《绿》《白桦》……在车尔摩斯的引导下，大家纷纷喜欢上了这一首首感情真挚的诗歌。而语文作业就是仿写各种诗。

说起来容易，可真要做起来又是另外一回事了。写诗歌，诺米一时之间还真无法下手啊！

凭窗远眺，看着窗外鹅黄的嫩柳和飞舞的小鸟，诺米酝酿着，酝酿着……

> 好像春姑娘的脚步一下子近了
>
> 到处都是她的踪迹
>
> 山脚，田野，天空
>
> 长河，大地，树梢
>
> 蝴蝶翩翩起舞……

回过神来的诺米看着不知道何时已经写满的纸张，突然觉得自己太有才了，竟然还有当诗人的潜质，真是万万没想到！不过，当第二天诺米看到群里唐果果、笑嘻嘻、周周甚至李大侃等写出的优美诗歌，却大吃一惊！

> 在我家楼下，有一棵雪松，针尖的叶、粗糙的干，像位君子穿上了铠甲……
>
> 身旁迎风舞蹈的柳树，早就洗净尘垢；美丽羞涩的迎春花，慢慢抬起它们的头。试试寒，试试暖，然后一瓣瓣绽放……
>
> 在朦胧的夜色中，绿萝静静地坐在窗前，它身披一身皎洁的月光，守护着我进入甜甜的梦乡……

诺米读着这一篇篇语言优美、意蕴悠长的诗歌，不由得感叹道："咱班优秀的人才如此之多啊！"

刚被车尔摩斯一通表扬的李大侃得意地说："因为咱们车尔摩斯厉害啊！车尔摩斯说了，诗歌要发乎情，咱们好好听车尔摩斯的话，必然能成为个中高手。"哈哈，李大侃果真能侃，诺米觉得自己倒是可以用首诗把此刻的李大侃给描述出来，或许车尔摩斯能点赞，毕竟被夸的人就是她！

二、"老虎"的余威

这天的网课上，发生了一件让大家都胆战心惊却又无人敢说的惊险故事！

话说网课期间，每天课后车尔摩斯总会布置一些作业，或读或写，第二天课上再讲解。这天，一上课车尔摩斯就开始讲解同步练习，从词语到句子，从作者到中心思想，虽说车尔摩斯的讲解一如既往的生动有趣，但电脑前的诺米大半节课都坐立不安！而诺米万万没想到，她的小伙伴也和她一样战战兢兢地上完了大半节课。直到班级群里丁零的消息声传来，诺米看过信息后拍拍胸脯，长出一口气——原来如此啊，自己都差点吓得滚成个糯米团了！

这到底是怎么一回事呢？

原来车尔摩斯在课堂上讲的作业昨天压根儿没布置，车尔摩斯记错了，但是诺米却以为是自己忘写了。这能主动和车尔摩斯交代吗？当然不能，诺米躲还来不及呢！要知道，虽然网课期间车尔摩斯的戒尺不够长，但总有开学日，到时车尔摩斯一起算总账，诺米哭都哭不出来！

只是诺米不知道，有这个想法的不止她一个人，而是整个班啊！四十多人默契地没有打断车尔摩斯声情并茂的讲解，直到丁零一声，一条消息映入眼帘："车尔摩斯，您没布置过这个作业。"诺米好像看到一向胆小的张小山发信息时视死如归的气势，他可是一位真勇士！

有了张小山的开头，丁零声不绝于耳："老师，您没布

置过这个作业！""我还以为我没写，没敢说。""吓死宝宝了！""深有同感！"……诺米一边看一边哈哈笑，亲爱的小伙伴们，原来你们也都这么"怂"啊！

诺米再次深深感受到了车尔摩斯的威严，虽然她老人家远在家中坐，但"老虎"的余威有多厉害，看这一条条"马后炮"的消息就能知道了！

三、春天里的神奇演讲

诺米以为自己的演讲会在线上进行，没想到，正好复课，这给诺米带来了意外惊喜，因为自己的演讲有一段特别设计，还是面对面进行更合适。这不，诺米的神奇演讲马上开始了！

咦，教室里怎么这么安静？为什么大家都闭着双眼，双手向前平举，很多人的胳膊一个高、一个底。这是咋回事？

这些啊，都和讲台上的诺米有关。演讲主题是"十万个为什么"，诺米抛却了以往问题引入的方式，独辟蹊径，选择用游戏来开场。

"我在你的左手上轻轻挂上一个氢气球，右手挂上一个西瓜，你能感觉到氢气球往上飞的力量吗？我又在你的左手上轻轻加上一个氢气球，右手加一个西瓜，你有没有感觉到左手很

轻很轻，右手更加沉重？现在，我在你的左手上再加一个氢气球，右手再加上一个西瓜，你感到左手越来越轻，右手越来越重……"诺米的声音在安静的教室内轻柔地回响着。看着大家越来越高的左手和越来越低的右手，诺米也惊讶不已。虽然事先查阅了资料，但真正看到这一幕，诺米还是惊叹心理学的神奇。

说起这个游戏，还要说说前几天的心理课，老师让大家做"优势四宫格"，将自己在自己和同学、老师、家长眼中的优点都写出来。诺米当时还不太理解为什么要这么做，只是把优点都写出来时，诺米感到特别开心。可自己为什么会开心呢？查阅资料后，这才有了今天有关"罗森塔尔效应"的演讲。

游戏结束，睁开眼的同学看着自己一个高一个矮的胳膊大呼神奇。诺米也不卖关子，直接将这个心理学效应讲给大家听。

听完后，活泼的李大侃先开口了："我知道了，上次考试没考好，我妈告诉我'神舟十三号都返回地球了，只要你的心也能跟着静下来，相信咱们还可以继续母慈子孝'，结果下一次我还真考得不错，我觉得这就是'罗森塔尔效应'。"

袁圈也附和道："遇到困难时，车尔摩斯总会对我们说'试试看，我觉得你能行'，没想到，经过努力，我真的就战胜了困难！"

大家顺着李大侃和袁圈的话热烈地讨论起来。诺米看着热热闹闹的场景心想，在车尔摩斯的心理暗示下，大家一定会变

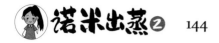

得越来越优秀！

　　在春山如黛、红花灿烂的季节，诺米觉得开在明媚的春光里的别开生面的语文课堂，让自己不仅只是从课本中读到春天，更从自己的书写中、演讲中、聆听中遍访春之颜。车尔摩斯的语文课堂中，装着对于魅力自然、生命悦动的思考。小伙伴们，你们爱上开在春天里的语文课堂了吗？

蛋趣过立夏

"梅子留酸软齿牙，芭蕉分绿与窗纱。"不知不觉间，立夏的节气到了。这天的诺米不等闹铃响就迫不及待地起了床。干什么去？斗蛋去！啥，斗蛋？对，斗蛋！

自从三天前车尔摩斯宣布立夏班会如期举行后，大家个个摩拳擦掌，每天回到家的第一件事就是倒腾各种鸡蛋，目的只有一个——找出最结实的两个蛋。要知道，如果能得到"蛋王"的称号，那将是多么拉风的一件事啊！

至于为什么是两个蛋，那是因为比赛项目有两个。一个是好玩的"艺术斗蛋王"，一个是坚强的"科技斗蛋王"。规则嘛，大家都了解得一清二楚了，现在万事俱备，坐等立夏。

这天，一走进教室，诺米就闻到了鸡蛋味儿。大家人手一个艺术蛋，至于包里用来斗蛋的鸡蛋塞了几个，诺米猜不到，反正自己的包里藏了整整八个！诺米的战斗规则是——鸡蛋质量再不给力，也要靠持久战战到最后。

心里自有小算盘的诺米淡定地欣赏着其他人手中的艺术

蛋。你瞧，每个蛋都那么充满艺术气息：这边是个海绵宝宝蛋，那边是颗可爱小猪蛋；这边的蛋写着"无敌美少女"，那边的蛋印着"最靓的仔"；这边画成了黑包公，那边涂成了关二爷……看来大家都对自己的鸡蛋抱有超乎寻常的期待啊！只是，那个谁，怎么把自己的潜在"蛋王"给吃了呢？这还没上战场就阵亡了！还有那位小伙伴，你带一包榨菜过来干吗？难不成中午要吃鸡蛋配榨菜丝？反正百人百蛋，满室蛋味。

　　大课间时，校园逐渐喧闹起来。忽然，乌泱泱的人群从远处涌来，每个人都像孵蛋的老母鸡一样小心翼翼地护着怀里的蛋。全校独一份的"鸡蛋撞地球"要开撞啦！欢笑声中，旁边的教室伸出一两个脑袋，慢慢地，脑袋越来越多。诺米和同学们尽情享受着大家投来的羡慕眼光，还故意把自己的鸡蛋保险箱向上举一下，自豪地炫耀着。笑嘻嘻悄悄来到诺米身边，和诺米"咬耳朵"："诺米，你有没有觉得今天车尔摩斯更漂亮了？"诺米疑惑地扭头望向旁边的车尔摩斯，还是那张严肃中带着温柔的脸，还有那万年不变的开衫，没看出来哪里更漂亮啊！笑嘻嘻见诺米不开窍，直接说道："你看看这段时间还有别的班级开展活动吗？没有吧？咱是'独苗苗'，这么一想，再看车尔摩斯是不是漂亮些了？"诺米这才恍然大悟，原来笑嘻嘻说的"漂亮"是这个意思啊。

　　"鸡蛋撞地球"开场了。"预备，放！"随着车尔摩斯一声令下，站在栏杆前的先头部门齐松手。霎时，用各种材料包裹的熟鸡蛋乒乒乓乓从各位"母鸡"的怀抱中掉落在地。结果竟然意外地出现了很多"蛋坚强"。你看这个用气泡棒包裹的蛋还在里面骨碌碌转着，像是在说："我的保险箱真结实，你们打不开。"那边是个用洗碗海绵包裹成的小房子，四面全是软软的海绵垫，密不透风，一看就是鸡蛋的完美保险箱。还有各种出其不意的材料，什么鞋盒加丝袜的"味道"组合啦，什么橡皮泥衣服的设计啦，看得诺米直呼"高手""内行"！

第一轮的开门红，预示着大家的科技蛋都是绝世高手。第二轮，第三轮……当最后一个部门的"母鸡"们敞开怀抱、放飞自己的蛋宝宝时，诺米有点愣住了——都说不要拿鸡蛋和石头碰，小伙伴们这成功撞地球的哪里是鸡蛋，简直是"核弹"！

因为"核弹"太多，车尔摩斯决定在午饭后来场决赛。一听这个决定，李大侃崩溃了。为啥？难得勤快一次的李大侃已经把自己那鞋盒加丝袜的"味道"组合给拆得七零八碎，这还怎么比？可怜的李大侃同学，在大家狼吐虎咽吃午饭的间隙，一个人默默地修复着自己的装备。

决赛的赛场在三楼教室，比初赛高了整整两层楼，会有"核弹"成功降落吗？"预备，放！"伴随着车尔摩斯响亮的声音，随之而来的是各种噼里啪啦。诺米一听动静就知道和初赛有区别了，对于小小的鸡蛋来说，哪怕一厘米的高度都绝对是一道不可逾越的鸿沟！伴随着爆炸声，一多半的鸡蛋"牺牲"在了决赛场的十米线下。没办法，比赛嘛，总得有点挑战性，不过，也有幸存的"核弹"成功降落。这一位位"蛋勇士"被自己的主人亲了又亲，真是给力啊！

本来诺米想着可以依据保险箱材料的轻重再评出"蛋王"来，可惜最后没有找来精准的电子秤，只好作罢。不过，这并不妨碍大家的热情，因为，回到教室还有一场"硬仗"要打呢！

保险箱放一边，"坏蛋"放一边，"名花有主"的"科技斗蛋王"已经失去了吸引力，现在要回教室开始争夺"艺术斗蛋王"的桂冠啦！

艺术斗蛋，顾名思义，大家拿着自己经过艺术创作的鸡蛋来参加斗蛋比赛。本来说好一组一组相碰，只是还没等开始，这些兴志激昂的"蛋主"们便开始自由碰撞了。耍酷的王小帅拿着自己名为"最靓的仔"的鸡蛋到处找人碰，还别说，这蛋还真和自己的主人一样酷。诺米默默数着，王小帅已经赢了至少八个人了！

不过，诺米发现有不少人和自己一样，还没有足够的信心去尝试。诺米主动出击，随机抓住旁边一位小伙伴，两个鸡蛋碰撞在一起，只听见细微的蛋壳破碎声，两人都捂住眼，不敢看。到底是谁的蛋宝宝碰破了？诺米从手指缝里盯着对面被突然袭击的张小山，见他慢慢抬起自己的手，蛋壳上明显的一道裂纹。旗开得胜，自己的"小猪蛋"真争气！

就这样，你碰我，我碰你，不知不觉间诺米的"小猪蛋"也已经打败了四五颗鸡蛋。"诺米，接招！"唐果果人未到，声先到。诺米向不远处望去，只见唐果果穿过人群，举着自己手中的"关二爷"，直奔自己而来。还没等诺米准备好，砰！唐果果的鸡蛋已经撞了上来，诺米想后撤却来不及了。她仿佛听到手里的"小猪蛋"在痛苦呻吟，顾不上和唐果果说笑，诺米举起"小猪蛋"一通端详——糟糕，小猪蛋壮烈牺牲了！

诺米哭笑不得地看着唐果果，对方则吐吐舌头，一副"不怪我，谁让你的'小猪蛋'不结实"的无辜模样。没办法，自己肯定抢夺不到"艺术斗蛋王"的宝座了，诺米只能寄希望于自己"损友"手中的"关二爷"。结果，"关二爷"输给了"武士蛋"，唉，果真是"蛋王后浪推前浪，前浪拍在沙滩上"啊！

最后，诺米和唐果果、袁圈一起围着田甜圈，讨论她的"蛋王"为何这么结实，田甜圈淡定地说："因为我会选呗。第一，你可以趁着别人不注意，用小头碰他的大头，保管一碰一个准；第二，你要主动出击，获胜概率比被动挨打要高好几倍；第三，这是个小秘密，我的'蛋王'上有清油漆，保护膜懂不？"这下，大家都知道田甜圈"蛋王"的真正来历了，只是想胜过"蛋王"，且待下回再战喽！

下午的上课铃声按时响起，红红火火的斗蛋比赛在车尔摩斯面对着一堆破皮鸡蛋的时候按下了停止键。这是因为大家秉持"坚决不能浪费食物"的原则尽力吃掉每一颗鸡蛋，可像诺米一样包里藏着八颗蛋的小伙伴太多了，吃不下！没关系，还有车尔摩斯在。按照约定，鸡蛋由车尔摩斯负责消灭。看着桌子上一堆碎了壳的鸡蛋，车尔摩斯一言难尽："大家这是嫌我还不够圆润吗？"迎接这句话的，是同学们肯定的眼神、连连地点头和忍不住抖动的肩膀……

诺米想着，除了立夏斗蛋，还有端午的粽子、中秋的月饼、冬至的饺子……要不要每次都来个新活动？这样的话，不仅小伙伴们开心，车尔摩斯也一定会越来越圆润可爱！

礼 物

一、母亲节的惊喜

母亲节的早上，诺米妈迷迷糊糊还没有睡醒，就被"三小只"给闹醒了。"妈妈，妈妈，快醒醒！今天是母亲节，我们给你准备了惊喜哦！"米小弟甜甜地喊着。很快米大弟和米小妹也加入了这场甜蜜催促大战。无可奈何的诺米妈只能双眼惺忪、哈欠连天地走出卧室。

看到诺米妈走出房门，"三小只"前呼后拥地上前。"叮叮叮，惊喜驾到！"米小弟举着老爸的手机放到老妈眼前，还没等诺米妈回过神，就听见手机播放出"妈妈，我爱你"的声音。一旁的诺米一愣：咦，这不是米小弟的声音吗？他什么时候录制的视频呢？

米小弟播放完，米大弟和米小妹也挤上前："我们也有，我们也有，乔乔老师也给我们拍了视频。"听米小妹这么说，诺米才知道，原来是"三小只"班里的老师给大家拍了温馨的母亲节视频。弟弟妹妹这纯粹是"借花献佛"啊！甭管怎么说，米大弟直白的祝福视频，还有米小弟和米小妹让人浑身起鸡皮疙瘩的肉麻视频，顺理成章地让诺米妈红了眼圈。诺米觉得自己此刻也应该送上点儿惊喜，大姐不能落后嘛，送什么好呢？

诺米突然想到上个月民乐团排练的歌曲《这世界那么多人》，诺米妈来来回回听了不下百遍，很是喜欢。今天这个好日子，何不给诺米妈演奏一曲？

念头一起，诺米钩钩手指集齐了"三小只"。不愧是亲兄弟姐妹，一拍即合！趁着诺米妈还没走出感动，"噼里啪啦"，每人亮出自己擅长的"武器"——米大弟的二胡、米小弟的竹笛、米小妹的古琴、诺米的钢琴。看着眼前乱糟糟的架势，诺米妈惊呆了：这是要开演奏会？

"下面请欣赏母亲节特别节目——爱心四重奏《这世界那么多人》！"诺米承担了报幕员的工作，说完便示意"三小只"准备。"三小只"待姐姐的钢琴声响起，马上各自为战。一时间清脆的竹笛声、悠长的二胡声、优雅的钢琴声、潺潺的古琴声，声声入耳，本来还在感动状态中的诺米妈瞬间想要逃回卧室，又硬生生按捺住自己想要挪动双腿的冲动。曲子是好曲子，乐器是好乐器，可是谁来告诉诺米妈，应该如何欣赏这没有指挥、没有节奏、各自为乐的交响乐呢？

终于，折磨人的演奏停下了，入耳的"魔音"也不见了。四个人眼巴巴地看着诺米妈，好像在问："亲爱的妈妈，我们的四重奏表演怎么样？"看着四双八只小眼睛，诺米妈

礼物

153

深吸几口气，让自己耳朵回归原位并说道："你们准备的母亲节礼物太令人惊喜了，四重奏很好听，但下次合奏时要注意……"听到这句话的四个人，欢欣雀跃，因为他们只听到了前半句，至于后半句，自动忽略！

二、最美的相遇

自从母亲节给亲爱的诺米妈表演过魔音四重奏，姐弟四个对这种表演方式热衷不已。"姐姐，你听我的笛子对不对？这个地方怎么吹？""姐姐，我觉得这里慢了一个节拍。""姐姐……"看着吹拉弹唱、热火朝天的"三小只"，诺米忽然想起那年春天自己收到的惊喜礼物。

七年前诺米刚过完自己的三岁生日，诺米妈便从家里消失了一个月。姥姥告诉诺米说，妈妈是去医院了，回来会给她带很多礼物。虽然诺米很想要礼物，不过她更想要妈妈。一个月的时间在诺米望穿秋水的期盼中终于过去。有一天，姥姥告诉诺米，妈妈要回家了，这真是个好消息！诺米感觉窗外的玉兰花都更漂亮了，连路边的柳树也更绿了。

叮咚！门铃响了。一定是妈妈回来了！诺米顾不上手里的洋娃娃，踮着脚往门口冲去。真的是诺米妈回来了呢！不过，旁边一个、两个、三个小篮子里是什么？难道是妈妈送给自己的礼物吗？好奇的诺米向最近的一个小篮子走去，一个柔嫩的小脸蛋出现在她的眼前，红红的皮肤，带着细细的小绒毛，也许是睡着了，小婴儿的眼睛紧紧闭着，看不出大小，不过鼻子和嘴巴都是小小的。忽然，小嘴巴发出嗫嗫的吸吮声，也不知道是不是梦到了什么好吃的。诺米又走向旁边的小篮子，里面竟然也是一个一模一样的小宝宝，不过他没有睡

着，一双乌黑的小眼睛滴溜溜地四处转，好像是在打量着自己的新家。第三个篮子里，果然还是一个小宝宝，也许是人多吵到了她，只见她两只小手握成小拳头在脑袋边来回挥舞，撇着小嘴巴，紧皱着眉头，一副马上要哭出来的模样。

看着眼前一模一样的三个小宝宝，诺米有点手足无措。难道这是妈妈买给自己的洋娃娃吗？要不要把他们抱出来看看？趁着大人们不注意，诺米走到一个篮子前，踮起脚，扒着篮筐，伸长了胳膊去抱里面的娃娃。或者，爬进去一起玩？诺米想着便翘起一只脚，要往摇篮里跨。这可把一旁的诺米妈吓坏了。"他们都是你的弟弟妹妹，睡着的是这个是大弟，睁着眼的是小弟，快要哭的是小妹。"诺米妈一边抱着她，一边介绍："他们初来乍到，给你带了很多礼物，快去看看吧！"说着，便牵着诺米来到一个纸箱旁。

哇！里面堆满了各种好吃的、好玩的，连平时被禁止吃的垃圾食品也有几样，顿时这个纸箱远远超过了三个小篮子对诺米的吸引力——三个不能吃、不能玩也不能抱的"洋娃娃"哪有甜甜的糖果更让人开心呢？左手抱着可爱的布偶熊猫，右手拿着草莓棒棒糖，诺米瞬间开心地一蹦三跳。

后来啊，诺米才慢慢知道了这份特殊"礼物"的含义，知道了弟弟妹妹意味着什么。七年，弹指一挥间，诺米带着弟弟妹妹一起调皮、一起长大，度过了很多很多美好的时光。每次听到"三小只"甜甜地喊"姐姐""姐姐"，诺米总会想起初见他们的那个春天，真是一场最美的相遇！

"百货公司"兴亡记

不知何时，诺米班里流行起开设各种"百货公司"——我用本子换你的漂亮贴纸，你用橡皮换他的自制手账，玩得好不热闹。只要是大家感兴趣的东西，都可以自由交易。经营方式"老板"自己定，所有"公司"面向全班同学开放，不能以任何不正当理由拒绝"顾客"消费。经过商议，钢笔墨囊有幸成为首个通用货币。每月月末查看所有公司营业额，最高者可获得"商业奇才"称号。

于是，班内不断上演一出出波谲云诡的商业"大剧"。

一、"商业奇才"田甜圈

"袁圈，这个贴画只需要三个墨囊，要不要来一个？"张小山凑在袁圈身边努力推销自己的商品。

"不要！"袁圈头也不抬地拒绝道。才三个墨囊，看不起谁呢？他可是坐拥上百个墨囊的"地主家儿子"，价值三个墨囊的东西太跌份儿！

好像是听到了袁圈内心的呼唤，田甜圈连忙凑上来："袁圈，我这里有个顶级贴画，你得花十五个墨囊才行，不过咱们班还没有出现过这么贵的贴画呢，拿着倍有面儿，要不要？"田甜圈一边说还一边夸张地举着一本炫酷贴纸在袁圈面前晃荡。没承想，听完田甜圈的话，袁圈竟然抬头，满眼惊喜地问："真的是最贵的吗？十五个墨囊？来来，成交！"田甜圈见状嘿嘿一笑，大鱼上钩了！

袁圈毫不迟疑地掏出十五个墨囊，和田甜圈一手交"钱"，一手交货。这单大生意看得诺米羡慕不止：真不愧是半个月来公认的"商业奇才"啊，田甜圈的销售能力，妥妥的五颗星！

二、"销售奇才"王小帅

"黄小瓜,听说你这里的草莓橡皮卖不出去了?"王小帅趁着下课时间,跑到黄小瓜的"顶呱呱百货公司"门口小声问。

"哼,谁说的?我的草莓橡皮可是独家货源,怎么卖不出去?"黄小瓜气呼呼地扭头不理王小帅。

王小帅丝毫不介意黄小瓜的态度,笑着说:"同学们都说你觉得自己的橡皮是独家货源,就胡乱抬价,所以现在大家都不来买了。"王小帅毫不客气地揭穿黄小瓜的老底,"不过我有办法帮你出售草莓橡皮,咱们按照两个墨囊一块橡皮结账,多赚的是我的提成,你看怎么样?"

黄小瓜一听愣住了:还有这样的好事?反正现在橡皮已经被自己砸手里了,那就试试呗,自己又不亏本!经过协商,王小帅先预支了十块草莓橡皮,然后花一个墨囊从张小山处购买了两张贴画,又做了一张广告牌:草莓橡皮,原价五个墨囊,六折出售,赠送贴纸,先到先得!

广告一出,立马引起轰动。天呐,六折!还没有商品有过这么大折扣!虽然有人数学作业总出错,但这个账是绝对算不错的,六折后的确是只需要三个墨囊,也不知道倪老师知道后是会哭还是哭!更何况,这是黄小瓜之前的独家货源,竟然还赠送贴纸,必须买买买!

说来也奇怪,就算打完折价格比黄小瓜最开始卖的价格还高,但广告一宣传,折扣一出手,十块橡皮瞬间清空。除去还给黄小瓜的二十个墨囊的成本和一个墨囊的贴画成本,王小帅净赚了九个墨囊，不能不说他是个"销售奇才"！

三、"包您满意"张小山

前面那是谁的"公司"，怎么这么热闹？诺米挤进去一看，呵，原来是张小山的"公司"啊。"张老板"面前放着一块牌子，上写着几行字：

本店没有商品，只有服务！

需要者交一个墨囊的押金，服务到您满意再交两个墨囊的尾款！！

正当买卖，诚信经营，不满意不要钱！！！

三个大感叹号彰显着张小山的决心！不过不要钱的话，他这是在卖什么呢？

诺米好奇地凑到张小山身边，悄悄问："小山老板，你这公司是做什么服务的？"张小山冲诺米神秘一笑，钩钩手指。诺米见状连忙把耳朵凑过去，只听张小山吐出两个字："你猜。"诺米龇牙想揍人，这谜题太让人百爪挠心。诺米一心想要揭开张小山的老底儿。

直到后来某一天的某一时刻，诺米终于知道了张小山的"公司"为什么这么火爆，为什么大家每次和张小山交易成功都小心翼翼，生怕被其他人尤其是车尔摩斯看到，为什么明明说"不满意不要钱"也没有人来找他退换货。因为，张小山开的是"翰林公司"！至于"经营业务"嘛，"天机"不可泄露也！万一被车尔摩斯知道了，估计不仅是张小山，所有"涉事"人员都会全部"阵亡"！

「百货公司」兴亡记

四、"免费供货"的诺米

"诺米,再来一根啊!"笑嘻嘻双手合十,拉着诺米不停央求。要问笑嘻嘻在求什么?不能不提马上要进行的随堂测试。

也不知道是谁挑起的头,诺米被大家盯上了。当然,大家不要求诺米做什么,只需要贡献出自己一根头发就好。将"幸运发丝"系在笔上,寓意自己考场上超常发挥!

一传十,十传百,"幸运发丝"的消息越传越广。有人从中看到了无限商机。这不,笑嘻嘻凭借和诺米坚不可摧的友谊,率先从诺米头上捋下几根发丝。然后,她决定做一个有良心的商人——一根发丝只需要一根墨囊就可以换到。

物以稀为贵,更何况是"幸运发丝"这种考前必备品,一旦面世,必得哄抢啊!所以,笑嘻嘻第一批"幸运发丝"转瞬售空,另带还欠了小伙伴五根。为啥会欠账呢?没办法,生意太好,大家忙着预交定金,拦都拦不住啊!所以才有了开头的那一幕。

看着好友苦苦哀求的模样，诺米又捋了捋自己的小辫子，还不错，收获了两根调皮的发丝；再加把劲儿捋捋，又多了两根；再加把劲儿，没有了……笑嘻嘻算来算去，还差一根，诺米心一软，瞅准一根头发，用力一拽，总算凑够了五根头发丝交到好友手中。

当同桌问诺米："你贡献了头发，收到了什么？"诺米一听这问题愣住了，对啊，一根头发可以换一个墨囊，拍卖的话能有两个墨囊，不过不管值几个墨囊，墨囊都在笑嘻嘻手里，自己什么也没有呀！不过呀，诺米冲同桌小辫子一甩："我得到了快乐！"好嘛，这下诺米收获的不单单是快乐，还多了一个"铁憨憨"代号！

不过，诺米还收获了一个经验：下次要把头发提前剪下来，现场拽真的有点疼啦！

日子在紧张的学习和偶尔的"交易"中飞逝，不知过了多久，经历过快速发展的"百货公司"渐渐变了模样：原本是自己动手做的手账、箍卡，开始演变为花钱购买；原本是根据自己需要才交换的，现在成了谁的好看买谁的；原本是质优价廉的商品最受欢迎，现在是相互攀比……很快，发现苗头不对的车尔摩斯宣布所有"百货公司"停业整改，大家才想起自己当时开办"公司"的初心只是为了方便大家的学习生活，让大家更愉快地享受集体生活的乐趣。而当初心不在，当时的快乐也不复存在。

诺米失落地看着又回归宁静的课间，在本子上牢牢写下一行字：不忘初心，方得始终！

藏在信箱里的"少年愁"

　　"小小少年，很少烦恼，眼望四周阳光照……一年一年时间飞跑，小小少年转眼高，随着年岁由小变大，他的烦恼增加了……"正在欣赏经典儿歌的诺米，忽然听到一首优美动听的旋律，可诺米听着听着却在想——谁说少年不识愁滋味啊？大家不知从什么时候开始，烦恼随着年龄也在一天天增加。

　　为了化解大家的"愁滋味"，在车尔摩斯的大力支持下，在诺米和众多小伙伴绞尽脑汁的卖力建设中，拥有专属LOGO的无忧信箱诞生啦！瞧，靓丽的颜色，青春活泼；一大一小两颗红心相互依偎，象征着大家心与心的交流。每个细节都在彰显着无忧信箱的深意——把你的烦恼说出来，把你想对对方说的话写出来，只要投递，就会和烦恼说再见！诺米没想到，刚开始营业，自己就收到了来自四面八方的"信息轰炸"……

　　"诺米，诺米，作为'加盟商'，我最近为班里的'百货公司'没有统一的'货币'而烦恼，什么时候来个统一'货币'？——空客飞机。"

　　拿到写给自己的第一封信，诺米表面一片平静，内心相当激动——能不激动么？虽然平时也会传小纸条，但从信箱里取出写给自己的信，总有一种仪式感，心情还是有很大不同的，更何况，还是自己最近颇为关心的"百货公司"这件事。只是，"空客飞机"是谁？袁圈？李大侃？张小山？……别管是谁了，只要知道收件人是自己就没错！

　　虽然是个小小烦恼，但无忧信箱哪怕再小的烦恼也要帮大家消灭掉。诺米摊开手中的信纸，认真写下："空客飞机，你好！"然后……诺米卡壳了！"烦恼处方"该怎么开呢？告诉"空客飞机"同意他的建议？征求"空客飞机"统一"货币"的想法？还是猜猜他是谁，直接去面对面交流？纠结不已的诺米思来想去，还是接着写道："来信收到，烦恼也知晓。不过你的烦恼也是我的烦恼，现在我把烦恼还回去，请你帮忙想想咱们用什么'货币'，可以吗？"刚回第一封信，诺米就觉得这哪里是"无忧信箱"？这明明是把一个人的烦恼变成两个人烦恼的"有忧信箱"！不过，这个烦恼现在成功"踢"给了"空客飞机"，但愿他能完美解决这个问题！

　　成功踢出去"皮球"后，诺米又急切地打开第二封信。"我很希望教室里能有个图书角，这样课间就可以看书啦！——王大帅。"咦，这个想法真不错，肯定会得到车尔摩斯的称赞。诺米赞赏有加地看着面前的笔迹，越看越熟悉。"王大帅，王大帅，这化名一看就知道是谁……"诺米一边自言自语地念叨着，一边忙着写回信："王大帅就是帅，这个建议打满分！如果车尔摩斯同意建立班级图书角，我一定第一个响应！"

给王大帅写完回信，看着依然铺满桌面的信件，诺米忙不迭地再打开一封。"诺米，我们小孩子是上辈子做了什么坏事吗？为什么我妈总爱拿我和别的小孩比？——安安。"哎呀，连上辈子都出来了，真是伤透心的"安安"啊！"安安同学，对你的来信我感同身受。我想天下的妈妈可能都一个样——学学别人家的谁谁……唉，一言难尽呐！不过，说不定我们也是其他妈妈嘴里那个'别人家的孩子'。所以，认了吧，反正咱们又不能换妈，她们也不能换娃！何况，爱之深，责之切。比如，我们最喜欢的车尔摩斯，貌似很多时候也不怎么温柔，可是并没有影响咱们爱她呀！——诺米。"

洋洋洒洒写了一大篇，诺米装好信纸。这时，一张写了两行字的薄纸条吸引了诺米的注意。其他信件虽说不太正式，但也基本是在一张完整的纸上书写，可这张纸条就像是随手撕下来的一个小边角。诺米拿起来扫了一眼，瞬间呆住了，不是惊喜，是惊吓！"急急如律令，诺米快来救救我！李大侃动不动就发火，麻烦你替我写一篇专门投诉他的作文！——张小山留。"好家伙，这是要自己高举大旗，来一篇"征讨檄文"了。诺米是位乖宝宝，第一反应就是"好"！毕竟李大侃的调皮捣蛋她多多少少也领教过。诺米很快连题目都想好了，就叫"为张小山讨李大侃檄"。至于内容嘛，先罗列个五六七八条，管保让李大侃看过后无地自容。等内心戏丰富的诺米下笔给张小山写回信的时候又傻眼了：自己没见过李大侃欺负张小山，这样回信好吗？思考片刻，诺米提笔写下："小山同学，下次大侃欺负你的时候，一定来叫上我哦。我去现场判断一下，帮你还是帮他！"

无忧信箱默默承受着大家的大烦恼和小忧愁。一向活泼开

朗、万事无虞的诺米半个多月来一直都在接收小伙伴们的各种咨询。可是，俗话说"医者不自医"，最近的诺米也有了点烦恼。

这天诺米如往常一样收到了无忧信箱的来信，没想到和小伙伴们的烦恼一起来的，还有一份自己的烦恼。有人在给诺米的信中特别不友好地抨击了前几天的班队活动。只是，还没等诺米难过，知道消息的同学便纷沓而至。这不，诺米很快又收

到了不少信件。战战兢兢打开，小心翼翼看一眼，诺米觉得自己被完美地治愈了——原来是好友唐果果写给自己的安慰信，信末还打趣地向自己请教学习方法。诺米明白，好友哪里是向自己"取经"，明明是变着花样安慰自己呐。感受到好友的情意，诺米认认真真地将自己的学习经验在回信中告知果果，然后编写了几句顺口溜写上：

> 果果果果我爱你，春风十里不如你。
>
> 谢谢你来宽慰我，同学友爱我心知。
>
> 学习秘籍不客气，持之以恒看好你。
>
> 长风破浪会有时，我们一起齐努力。

一天又一天，诺米收到了一封又一封的信件。有快乐，有伤悲，有郁闷，有疑惑……不过已经慢慢熟悉节奏的诺米，也逐渐摸出了解决这些问题的门道。

说是信箱和信件，诺米觉得这些从练习本上随手撕下来的边边角角，更像是大家上课时传的小纸条，率性地写几个有感而发的问题，再给自己穿个神秘的笔名马甲，但诺米每次从无忧信箱中取出这些信纸条的时候，总会充满仪式感，也充满了期待。虽然，诺米已经对各种千奇百怪的化名产生了免疫，一猜一个准，不过诺米选择不再猜了，猜出来乐趣反而少了很多不是吗？

诺米喜欢这些藏在信箱里的"少年愁"，喜欢和大家分享彼此的小秘密，也在这种别样的交流中收获着成长。也许，这就是车尔摩斯说的文字的"神秘力量"吧！

一波三折的班委竞选

一、赛前准备

最近要开展新一轮的班委竞选，车尔摩斯一发通知，李大侃便摩拳擦掌、头脑发热地报名了某部部长竞选。冷静过后，李大侃同学开始担心，平时挨批最多、经常会被竹笋下锅炒炒，他能评上吗？忐忑之余，李大侃同学最近几天除了努力表现外，还发起了各种围追堵截，追问大伙儿自己到底能不能竞选成功。可这样的问题，谁能回答呢？

"诺米，王小帅非说我选不上，你说我到底能不能选上？"一个不注意，"皮球"踢到看热闹的诺米身上来了。怎么回答好呢？诺米脑袋一转，有了主意："大侃，我问你，老师批评你的时候，你在想什么？"

听诺米这么问，李大侃呆愣几秒后不好意思地说："每次挨批，虽然我看起来面色平静，可是我的内心活动很丰富啊。我觉得我是打不倒的'小强'！"这几句话引得诺米连

连点赞："大侃同学，你看你屡批屡犯、屡犯屡批，但每次都能认识到自己的错误，这说明什么？用车尔摩斯的话说就是'孺子可教'，看好你哦！"说完，诺米还不忘握紧拳头做"加油"状，说得李大侃热血沸腾，也不去追王小帅了，匆忙跑回座位上补作业去了。

诺米看着李大侃挺直后背写作业的身影，深深感叹竞选给大家带来的改变。

要说这次中队竞选，算起来可是四年来最隆重的一次。大家都从懵懂宝宝长成了青葱少年，知道自己想要什么了。除了李大侃的"穷追不舍"，其他人也有各种不确定的问题。

"诺米，我还是退出吧，我没有信心。"一向温柔、有点胆小的王卜卜找到诺米。

"怕啥？兵来将挡，水来土掩。再说性格温和是你的优势啊，大家都期待你站在台上的风采呢！"诺米轻声细语地安慰着。

"诺米，诺米，这里怎么改好？我要一鸣惊人，再鸣惊天！"

"我建议你把军体拳加上！"诺米慷慨激昂地说着，心里却默默得意，因为很久之前，车尔摩斯就开始忽悠诺米教同学们军体拳，诺米是一万个不情愿呀，她更想教大家做冰激凌。如果袁圈竞选体育部长成功，自己就不用在台上打拳了。不过诺米是绝对不会让袁圈知道这个想法的。

"诺米，计划怎么写？"

"车尔摩斯班会上说了三遍的两个要求，别忘了写上。"

……

其实，除了解答大家的问题，诺米自己也有一个疑惑。比如，为什么大家都争着抢着竞选某一个部门，有的部门却无人问津？后来得知原因后，诺米哭笑不得。大家争先抢后的原因竟然是可以获得"内部消息"。

"告诉你们啊，车尔摩斯今天出去开会。嘘，别告诉别人。"

"车尔摩斯最近会请假，老师用的请假条和我们差不多。你们别说啊！"

……

诺米听明白了，怪不得大家努力争取，原来可以提前知道放飞的时间啊。不过，猜就可以猜出来的事情，干吗要去费劲地过五关、斩六将呢？

不管怎么说，在大家紧张的准备中，竞选就要开始啦。让我们翘首以待吧！

二、"作"没的竞选

今天本来是部长竞选的大好日子。没想到，因为竞选前大家在去书法教室上课的路上过于激动，意外降临。

"还记得初开书法课时你们的表现吗？会在外面吵吵嚷嚷半小时吗？不会！那时的你们站队快、静、齐，你们喜欢书法，你们尊敬老师。今天就重温一下原来美好的时刻吧！整队，去书法教室，跟书法老师问好，再返回教室。现在出

路队真好，精神十足！

发！"车尔摩斯站在讲台上，平静地说着。相比河东狮吼，诺米觉得平静的车尔摩斯更可怕！

乖巧的小伙伴们安安静静地第三次走在校园里。说悄悄话？肯定都闭上了嘴巴。嬉笑打闹？更不存在！整个队伍比起刚才，气质提升了不是一星半点。一趟，两趟，三趟……诺米感觉自己的小腿都开始打战了，忽然队伍后方传来一个声音："哟，你们这是去干吗？路队走得真好，精神十足……"

诺米一听声音，立马知道来者何人了。谁呀？大队辅导员大圣老师呗！人坏运气时喝口凉水也塞牙。这挨罚还被最在乎校容校纪的大圣老师给遇上了。遇上就遇上吧，不知底细的大圣老师还一阵海夸，咱就说，到底谁尴尬？

要是以前，小伙伴们一听见老师夸奖，绝对会秒变为打了胜仗的大公鸡，傲娇得抬头挺胸拍着翅膀。可今天，没人敢开口，只看着大圣老师尴尬地笑着。大圣老师像是意识到了什么，拎出诺米问："诺米，你来说说怎么回事！"被点名的诺米看着满脸喜色的大圣老师，都不知道自己是该哭还是该笑，哼哼唧唧地说："我们不好好走路，被车尔摩斯罚了。"

"罚得好，就该罚，你们继续练！"大圣老师听完解释，脸色转变速度之快让诺米直呼神奇——不是，大圣老师，刚才是谁夸我们来着？也许是看到大家惊诧的表情，大圣老师"嘿嘿"一笑，背着手走远了。唉，老师们这真是"不是一校人，不进一校门"啊！

回到教室，车尔摩斯仍在沉默。显然，这次走路队的质量

一波三折的班委竞选

还是没能让车尔摩斯满意。"继续整队！再走一次！"

"自己评价，有什么问题吗？"车尔摩斯突然看向黄小瓜。

"是李大侃！李大侃老在队伍里说话，不好好走路。"

"李大侃！"车尔摩斯转向身为整队员的李大侃，"向后转！自己给自己整队，自己走一遍！"

诺米看着李大侃英勇的背影，脑海中不断想象着大侃同学一边给自己喊口令"立正"，一边做动作，说不定一紧张再走出个顺拐来，或者很不幸地正好碰到其他老师和同学围观，实在太乐呵了！诺米想，等大侃走回来，一定得问问他到底有没有给自己喊口号，他应该不会那么傻吧？想着想着，诺米不自觉地面带微笑，在一众低头不语的乖宝宝中显得尤其明显。瞬间，诺米就觉得一道冷飕飕的目光迎面而来。不用想，肯定是"最强杀气"——车尔摩斯那炯炯有神的眼睛在盯着自己！自己还是老老实实，不要在这个时候撞枪口了。

"抬头，挺胸，齐步走！"车尔摩斯的声音不高不低地传来，大家个个抬头挺胸。以至于放学去打卡时，整支队伍安安静静，人人乖巧得像只鹌鹑，看得旁边的老师艳羡不已："不愧是车尔摩斯的队伍，真好！"有了之前大圣老师的大转折，大家伙儿面对这通表扬更不敢得意，只有车尔摩斯在一旁幽幽地说："刚被罚过！"

整整齐齐排好队，打完卡，总算度过了这难忘的一天。诺米一直觉得今天有什么大事给忘了，可受到的打击太大，实在懒得想了。

规规矩矩和车尔摩斯说过再见，和小伙伴们走在各找各妈的路上，李大侃忽然一拍自己圆圆的脑袋，嗷的一声喊："诺米，今天不是应该竞选吗？"诺米翻了翻眼皮：亲爱的大侃同学，你现在才想起来吗？竞选被咱"作"没啦！看大家目光都集中在自己身上，诺米肩膀一耸，双手一摊。李大侃不死心地追问："那咱们什么时候再开始竞选啊？"诺米抬头望天："不知道，那要问问亲爱的车尔摩斯啦。"

　　说完，诺米潇洒地挥手说再见，原地徒留一群郁闷的小伙伴……

竞选"作"没了！

"消防员"车尔摩斯

　　这段时间，车尔摩斯有了一个新身份——"消防员"。为什么呢？因为她要到处"灭火"呀。为什么呢？因为有一群不省心的学生啊！

一、从"头"开始

　　最近班里同学开始都有了自己的偶像，一向爱耍酷的王小帅的偶像则一直处于保密状态。

　　新的一周开始了，诺米一进教室门，就发现王小帅换了新发型。要知道，前他可是一直不剪头发，大家还调侃他要像女生一样扎小辫儿，王小帅竟然也不辩解，一副"不和你们凡人一般计较"的高冷模样。谁知道过了个周末，他竟然来了个新发型。现在的王小帅，留着稍长的短发，额前的长刘海四六分在两边，看上去更帅了。

　　诺米感觉胳膊被唐果果捣了一下。"诺米，你看看王小帅的发型像不像昨天他刚说过的那个花样滑冰大明星？"这么一说，诺米也打量起来，越看越觉得还真有那种感觉。唐果果和诺米四目相对，纷纷从对方眼里看到了猜对谜底后的兴奋——王小帅的偶像肯定是这位花滑明星！

仔细想想，过去的这两个月，种种迹象都表明王小帅在向自己的偶像看齐——追着父母报名学滑冰，短短两个月，滑冰水平突飞猛进；收集偶像的各种贴画、海报和信息，随时关注相关新闻；知道偶像的各种比赛信息，不管多晚，每场转播必追到底；现在又留起了一样的发型……诺米觉得王小帅因为偶像去学习花滑，即使被摔得青一块、紫一块也不放弃，很令人佩服！可这一切的前提是车尔摩斯没有发现。

纸包不住火，这是真理。一向细心的车尔摩斯很快发现了王小帅的不同寻常。课堂上，正沉浸在昨晚比赛回忆中的王小帅突然被点名："王小帅，你来回答！"显而易见，他没能给出正确答案。这一刻，车尔摩斯累积的怒火终于爆发："王小帅，最近你的作业质量下降了太多！心思去哪儿了？小心别被我逮住。"被车尔摩斯"惦记"上的王小帅同学，就这样突如其来地开启了被车尔摩斯随时"盯梢儿"的生活。

不久后的语文课，车尔摩斯干脆和同学们来了一次语重心长的交流："我观察到咱班的同学有不少开始追星，开始我没有制止，是因为我感觉明星身上一定有我们需要学习的地方。就比如小帅的偶像，半夜两点就能起来练习滑冰，其他人每天练二三十次四周跳，他一天会跳六十次。只是，你们追星追得太肤浅了，只看到了表面的荣光，没看到他们背后的努力。王小帅，如果要求你和偶像一样，天天凌晨三点起来学

177

习，你能做到吗？"看着低头不语的王小帅，车尔摩斯严肃地说："凡事过犹不及，今天放学，把发型剪回来，从'头'开始，做你自己！"

"下一题，王小帅！""王小帅，回答问题！""王小帅，朗读课文！"看着变得异常忙碌的王小帅，诺米深表同情——朋友，在车尔摩斯的火眼金睛下，做好水深火热的持久战准备吧！加油！

二、卡瘾"戒除"记

"追星"事件还在继续，卡牌现象再次涌现。你知道卡牌是什么吗？它是从一年级开始就在班里流行的小游戏，诺米对这类班级"硬通货"了解甚深。作为资深卡牌专家，周周更是个中翘楚。

说起周周对卡牌的痴迷，可算历史悠久。最近，周周多了一件心事——自己收集的这套卡片只缺最后一张就集齐了，可这最重要的一张迟迟不露面，不知道藏在哪个角落。为了这张隐藏卡，周周已经买了很多个卡包了，却从来没有成功抽到，直到这天……

午休时间，周周用飞一般的速度冲出教室。诺米不禁疑惑起来：平时周周可是稳重如泰山，今天有啥事这么急呢？不等诺米想明白，周周满脸喜色地又跑回了教室，那神情，就像获得了暖暖老师发的棒棒糖奖励一样欢喜。诺米非常好奇，周周遇到什么高兴事了呢？很快，答案就在车尔摩斯的怒火中揭晓。

"班里有位同学，用一百元买了一张卡牌，你们觉得值得吗？"车尔摩斯手持戒尺在讲台上镇定地问道，只是诺米怎么听都感觉这句话就像地雷的导火索，说不定一会就"砰"的炸开了。

"不值得！"大家异口同声地回答。回答完还低声讨论起到底是谁这么傻乎乎。不问不知道，一打听吓一跳——这个"傻乎乎"的同学就是周周！原来午休时他跑出去是为了买卡牌。诺米觉得，那么短的时间，周周一定是直接"银货两讫"的，肯定没来得及砍价，所以才用一张大大的百元大钞换了一张小小的卡牌。诺米暗自腹诽："周周还真傻，提前告诉我的话，一定拉上'商业奇才'田甜圈去还个价，保准打个折，再不济让李大侃一起去来段双簧也肯定能便宜点啊！"

不管诺米心里怎么吐槽，在车尔摩斯一通严厉教育外加"大法器"的武力加持下，周周的卡牌再没有出现在书包里，也没再听他说起过卡牌的故事。诺米只知道，戒尺安静地躺在讲桌上，哪个小伙伴能逃开车尔摩斯的严防死守呢？

三、"神奇"的钢笔

诺米一进教室门，又看到黄小瓜在翻自己书包，于是大跨步地奔过去："黄小瓜，你为什么又翻我书包！"黄小瓜见被抓了现行，也不着急，大大咧咧地说："诺米，我借你钢笔用用，你的笔写字好看，不要那么小气嘛！""我小气？你上次、上上次、上上上次'借'的笔还没还我呢！上上上上次借的，还回来是坏的。上上上上上次……黄小瓜，你为什么总喜欢借东西呢？"

可是，反对无效，黄小瓜趁乱抓起抢到的钢笔就跑。看着跑远的黄小瓜，诺米一脸郁闷：真是不明白了，黄小瓜明明也有一堆文具，为什么总觉得自己的比她的好呢？

没过多久，听到风声的车尔摩斯来了："字写得好不好看，主要在于平时的练习，而不在于钢笔好不好看。十几元的钢笔照样能写出漂亮的字体，要是不努力，就算拥有上百上千元的钢笔也没用。"

黄小瓜听车尔摩斯这么说，立马提出不同意见："车尔摩斯，我觉得您说得不对，诺米的钢笔很漂亮，她写字就好看。"

听到黄小瓜的抗议，车尔摩斯转头一想有了主意："既然你这么说，那咱们就来实验一下吧。我有两支一样的钢笔，你和诺米都用它来写一段话，让大家看看字的好坏和笔的价格到底有没有关系。开始吧。"

听了车尔摩斯的建议，诺米倒无所谓，就是有点心疼自己的手——平白无故又多写一段话，郁闷啊！一旁的黄小瓜迫不及待地抢先接过车尔摩斯手中的钢笔，认真地开始落笔书写。诺米也只好淡定地接过钢笔，一笔一画地在本子上写起来。

结果当然是诺米完胜，毕竟天天被盯着练字的诺米，遇到真正挑战时能力还是可以相信的。

小伙伴们看着车尔摩斯手中的两篇生字，高下立分，才明白车尔摩斯说的话没错，字写得好不好真的和钢笔没有太大关系！这股有关神奇钢笔的"攀比"之风总算在车尔摩斯的循循善诱中消弭。

看，这就是车尔摩斯四处"灭火"的原因。小伙伴们长大了，主意也多了，这个"消防员"更加忙碌了。虽然各处"起火"，但"摁下葫芦起来瓢"的现象决不会在车尔摩斯身上发生，因为她可是三百六十度无死角、分秒不差、全方位洞悉着班里情况的车尔摩斯！

大队部的那些事儿

有一个地方，充满了幸福和友爱；有一个地方，充满了快乐和教导；有一个地方，让人感动和成长……诺米大喊：打住！不要总拣好的说，你们难道没看到在这个地方受到的惊吓和挑战吗？

一、幸福满满的大队例会

自从三年级进入大队部，诺米因为年纪最小，人又乖巧，马尾辫飘飘，包子脸白胖，颇受师哥师姐们的喜爱。每次开会或者有活动，甭管谁有好吃的，总会想着给她留一份。诺米一直以为是因为自己太可爱才能得到这么多美食的青睐……

"关门！"这天下午，大队例会刚开始，辅导员路老师就拎着一个袋子进入会议室，神秘兮兮地嘱咐离门最近的小伙伴。眼看平日里严肃认真的路老师，此刻像在五庄观偷吃人参果一样小心翼翼，诺米也不由自主地紧张起来。但看着自己身边个个满眼放光的师哥师姐，又好奇不已：到底是怎么回事？

屋门飞快地被关好，路老师把手中的袋子往会议桌上一放，"哗啦啦"就往外倒。诺米看到各式花花绿绿的包装袋映入了眼帘，什么话梅辣条棒棒糖，什么饼干瓜子卤豆干，还有果糕薯片火腿肠……简直可以开个杂货铺了。虽然口水在别人不知道的地方疯狂想要出逃，可诺米还是先揉揉眼睛：难不成是大队部要开美食节？只是诺米的疑问注定得不到回答，因为熟门熟路的师哥师姐们看到零食全部倒出后便一拥而上，大家你来我往，也不拿多，每个人拿上三两样，满脸笑容地回到座位上。

看诺米还在发呆，路老师连忙招呼着："诺米，快快，别不好意思拿！不然就被他们抢光了！"不不，诺米觉得自己不上前不是因为害羞，实在是搞不清楚状况！在路老师的招呼中，第一次见识这种盛况的"土包子"诺米矜持地选上几样，抬头一看，嚯，甭管师哥还是师姐，此刻都一脸满足地在大快朵颐，让诺米感觉大家不是来开大队例会而是来品下午茶的。原来，例会不仅不枯燥，还可以这么有趣；原来，路老师不只是严肃，还可以这么可爱。

几分钟后，大家吃饱喝足，路老师开始发话了："这个月大家工作得很好，吃了好吃的，希望我们下个月继续努力。"

当然要努力！美食新体验，幸福感满满。有好吃的在等着，必须努力再努力！

二、身先士卒的大圣老师

大圣老师何许人也？大队部现任辅导员是也。

最近诺米学校在开展"垃圾分类环保有我"活动，整个大队部都异常忙碌。从个人学习到中队培训，从知识理论到生活实践，诺米和大队部的其他小伙伴活像花果山上的一群群小毛猴，天天跟在"孙大圣"后面转来转去，充当排头兵。这天刚进门，诺米就听有人说，今天大圣老师要带大家把理论变成实践，去真正体验一把垃圾分类。

诺米一听，乐了：大圣带着去巡山？终于可以出去放风了！

一旁的小伙伴像是不理解诺米为什么这么兴奋，忙问道："又不是去玩，这可是垃圾分类的实践活动，有什么开心的呢？"

不等诺米回答，旁边又有一位小伙伴凑过来，悄声说："听说今天要去卫生间给垃圾分类。"

什么？不是去下海上山？而是去卫生间？这和想象的落差有点大啊！现在"叛逃"还来得及吗？诺米心里打起了退堂鼓。虽然人吃五谷杂粮，遇到特殊紧急情况，卫生间也是一个最亲切的地方，可要是去里面垃圾分类，诺米实在提不起兴致。

不管接受不接受，"孙大圣"带着这帮"小毛猴"还是出现在了卫生间门口。见大家磨磨蹭蹭不想进来，大圣老师也没有多说话，直接扯开嗓门给大家科普起了平时生活中卫生间

的垃圾分类知识："按照可回收、有害、厨余和其他垃圾来分类，厕所垃圾属于其他垃圾类。因为卫生间的垃圾都是卫生用品，绝大部分都会有异味，所以在处理的时候，多采用一次性垃圾袋扎紧，以免污染其他可回收类的垃圾。"大圣老师一边说着，一边弯腰用镊子夹起旁边掉落的纸屑，若无其事地放进垃圾桶。

诺米盯着大圣老师的背影，只见他右手用镊子夹着垃圾，左手扶着腰，直立的动作好像被放慢了十倍，一点一点抬起。诺米对这个慢动作感到很熟悉，自己的姥姥腰疼时好像也是这样的姿势，大圣老师不会是腰疼的老毛病又犯了吧?

　　想到这里, 诺米突然放下了自己内心对卫生间垃圾分类实践的抵抗, 不再犹豫, 不再逃避, 前倾着身体, 认真倾听大圣老师的讲解。也许, 这就是"孙大圣"一直以来让这么多"小毛猴"信服的魅力所在吧。

三、万事你们说了算

　　忙完了垃圾分类, 大队委又开始了新一轮的中队培训。然而收到大圣老师的任务后的诺米现在完全是"卖虾米不拿秤——抓瞎(虾)"!

　　为什么呢? 你听!

"大圣老师，中队长培训什么内容好呢？"

"你们说了算。"

好，诺米满脸无奈地和小伙伴们展开了一轮又一几轮商议，总算有了活动大纲，可真的执行起来，难度比诺米想的不是大了一点半点，而是跨越了整个太平洋！

"大圣老师，每次中队长培训安排几位大队委上台合适啊？"

"你们说了算。"

好嘛，诺米只能回去和其他小伙伴重新想办法，然而问题一个接一个地出现。

"大圣老师，上次培训的出队旗仪式不是很成功，这次万一再不好怎么办？"

"你们说了算。"

已经一脸平静的诺米淡定地和小伙伴们商议着怎么查漏补缺。时间就这么一天天过去，各项活动磕磕绊绊也接近尾声。

"大圣老师，这一轮培训马上就结束了，咱们下面还有什么活动？"

"你们说了算。"不待大圣老师说出"口头禅"，诺米自己就给出了答案。

"哟，学会抢答了都，不错不错。你们只管大胆想，我来负责善后。"

被大圣老师一通鼓励的诺米和小伙伴们完全没有意识到，在无数个"你们说了算"的回答中，是大圣老师对他们胸有成竹的托举。你看，现在大家不是已经从丈二和尚摸不着头脑到磕磕绊绊查漏补缺再到最后成功完成任务了吗？只能说老祖宗的"多锉出快锯，多做长知识"是真理！至于大圣老师背后帮着大家解决了多少"妖魔鬼怪"的"陷阱"，只有他自己知道啦。

万事你们说了算，自己做主新体验。大圣老师永远在，背靠大树心放宽。

四、学会观察小细节

大圣老师虽然在某些事情上大开大合，完全放手让大家自己琢磨，但更多时候，心细如发、不放过一丝一毫的细节才是他的本色。

"从下周开始，大队部要开始检查和美督查岗的执行情况。诺米，你来负责整体的检查安排。希望大家擦亮双眼，让每一个和美督察员都发挥出应有的作用，建设好和美校园。"大圣老师严肃地安排着下周的大队部工作。一旁坐的诺米支棱着耳朵，认真记下要求。不记不行啊，万一下周开总结会，自己说不出个一二三来，那自己可就三二一，GAME OVER了！

一周过去了……

"诺米，你先来说说这周和美督查岗的检查情况。"看看，果然不出自己所料。

"大圣老师好！大家好！上周和美检查，大家做得都挺好的，我说完了。"诺米声音越来越小，底气不足地汇报着情况。汇报完毕，诺米感到大家盯着她的目光中，疑惑夹杂着一丝难以置信，诺米内心哀叹自己真的尽力了，胆战心惊地准备迎接大圣老师的训话。

没想到，现场短暂的安静后，响起了大圣老师语重心长的话："没发现问题不代表没有问题，只能说明你们观察得不够仔细。比如说每个位置上是不是都有人，每个人的行为有没有不规范的地方，督查员的精神面貌怎么样，这些都需要你们去认真观察。希望下周你们的汇报中能体现出来。"

好吧，诺米承认大圣老师说的这些自己都没有观察到，只是粗略确认校园有督查员就行。看来下周必须要用心观察大家是不是真的在尽职尽责。

又一周过去了。

"这周的和美督察员情况和上周相比，'风吹草低不见督查员'的现象有了改进，一去二三里，督查四五个，偶尔六七处，还是没人管，希望大家戴上督查员的袖章，就能承担起自己的职责，站好每一班岗。"

又两周过去了。

"咱们督查员的到岗情况从第一周的'风吹草低不见督查员'到上周的'偶尔六七处，还是没人管'，再到这周的'接天莲叶无穷碧，和美督查别样红'，必须给大家点个赞……挺胸抬头，把精气神拿出来，把自己气场提上去，男生神采四溢，女生飒爽英姿，酷！所以希望大家下周在保持到岗率的同时，也多注意自己的仪态，释放自己的自信魅力，做一个朝气蓬勃的人。"自从诺米听从大圣老师的教导，这两周可

谓眼观六路、耳听八方，不放过任何一个角落。没想到还真被大圣老师给说对了，认真看下来果然发现了不少问题，这才有了今天侃侃而谈的从容。

观察细节很重要，认真学习新经验，一日更比一日好。

两年来，诺米不断面对新挑战和新成长。凡是过往，皆为序章。凡是未来，皆有可期。但是，正在努力变得更好的诺米还有个发现——教得了数学、拍得了视频、组织得了活动的大圣老师，似乎发际流量越来越少了呢。这日益后退的发际线可是远远比不上孙大圣那一头茂密毛发的，希望此"孙大圣"也和真正的孙大圣一样，永远是个精神小伙儿！

里院探寻漫漫旅途

一、初遇

自从见识过北京老胡同里神秘的四合院，诺米便对这种传统合院式建筑念念不忘，时不时会在网上查找这种建筑的资料过过眼瘾。后来，她无意间看到一则将北京四合院和上海弄堂做比较的文章，感兴趣的话题又多了一个。

诺米越了解越惊喜，也越疑惑：自己的家乡青岛有没有这样承载着历史记忆的老房子呢？带着疑惑，诺米找到了自己的姥姥。在姥姥的回忆中，诺米才知道，原来家乡曾经也有属于自己的"大院"——青岛里院。

据姥姥说，那个年代每家每户都挤在里院狭窄的房子里，拥挤的环境让邻里之间没有任何秘密——谁家今天有好吃的啦，谁家吵架啦，谁家有好事啦，大家都会第一时间了解得清清楚楚。一放学，整个大院的孩子都聚在院中玩耍。要是谁家大人有事，小孩子也饿不着，不是在李叔叔家吃饭，就是在

王阿姨家休息，整个院子的住户就像一家人。

抵挡不住诱惑的诺米，在一个周末的下午，缠着诺米妈去寻找传说中的里院。她们一路穿过人声鼎沸的闹市区，来到青岛老城区。看到路边矗立着的一排排的老房子，连接起来像堵城墙，有不少小门上还挂着有些年头的招牌，显示它们曾经贩卖过的不同的商品。只是这么多年过去了，它们怎么看起来还是崭新的样子呢？

进入院子，诺米沿着石板条拾级而上，里院的全貌一览无余。红色的瓦顶，方正的天空，高高的烟囱，还有老马路牙子上冒出头的小草，她仿佛依旧能感受到原有的生活气息扑面而来。诺米真想能穿越回去，体验一把熙熙攘攘的里院生活。

二、探索

正当诺米对里院念念不忘的时候，碰上了正在考虑暑假实践活动的车尔摩斯。一向对传统文化情有独钟的车尔摩斯看到里院的话题后，大手一挥，直接通过！可诺米没想到，由此引发的新挑战会耗费自己一箩筐的脑细胞。

活动方案形成的过程暂且不提，因为诺米已经记不清车尔摩斯修改过多少次了，能让车尔摩斯亲自出马，难度可想而知。单说这准备会、策划会的主持，就与诺米之前接触的推进式和总结式班会大不相同。以前的班会是根据确定好的方案一步步进行。策划会呢，则需要主持人先引导着大家按照自己的思路走，一旦现场出现亮点时，就需要随时变化主持词，跟着小伙伴的思路走。还要把握好时间，能及时把发散到无边无际的话题收回来。一下子，主持的难度"蹭蹭蹭"地提高了好几个级别。

这不，准备会的自由提问现场意外频发。

"为什么只有青岛有里院？它为什么叫里院？"

诺米："你的提问很棒，大家都来说说自己的理解……"

"青岛的里院与世界大战有关系吗？"

诺米："这个问题提得很好，从不同角度提出了问题……"

"为什么会有三角形的院子？"

诺米："嗯，这个问题也很好，从不同角度提出了问题……"

"现在为什么大家不住里院了？"

诺米："你的想法不错，大家对这个问题有什么看法……"

"诺米，下面的主持词怎么说？"

诺米："……编！"

一个个刁钻古怪的问题，让诺米一时语塞，只能机械地回答大家天马行空的提问，以至于单调的词汇让诺米直怀疑自己四年的语文课是不是白学了。

果然，车尔摩斯第一时间提醒诺米："你对问题的回应给人一种敷衍的感觉，好像在念固定的台词。自己好好想想怎么能让主持词更自然、更有温度。"好吧，任重而道远！诺米决定今晚上继续钻研里院故事，下次的策划会争取完美自然、有温度地答疑解惑！

三、策划

"感谢这位同学的发言，他从里院的建设背景，看到了在旧中国，青岛被侵略者占领的悲惨历史，值得我们当代青少年沉思。"

"谢谢某某同学的独特见解。里院这一建筑之所以能成为代表'青岛特色'的标志性民居，就是因为她的人文内涵。"

"某某同学思考很深刻，我们要向她学习。"

……

指针已经指向十点，诺米还在为明天的里院之旅策划会做准备。为了避免出现上次的"无语"情况，诺米提前预设了各种问题和应对答案。诺米暗自祈祷：小伙伴们，希望你们的想法不要太离谱，和我准备的主持词稍微靠近些就谢天谢地了！然而，天真的诺米又一次被现实无情地打败了。

"里院为什么不像现在的楼房这样建上十几层呢？"

诺米："感谢这位同学的发言，他提到的问题……"

"里院为什么都是红瓦当顶？"

诺米："谢谢周周同学的独特见解，里院这一建筑……"

"里院保存下来有什么意义吗？我们能做些什么？"

诺米："感谢这位同学的发言，至于你的问题，咱们来请车尔摩斯上台，为大家的方案把把关。"已经黔驴技穷，表面很平静、内心在流泪的诺米转头看到悠哉乐哉的车尔摩斯，瞬间决定把车尔摩斯给拖下水。关键时刻，万能的车尔摩斯是可以用来顶包的。

车尔摩斯一出手，就知有没有。接过已经被大家发散到天边的话题，讨论很快再次回归主题。在车尔摩斯的引导下，部门方案逐个出炉。

"我们部门的'里院之旅'策划方案是这样的——时间：7月17日。地点：广德里。交通工具：私家车。纪律负责人：田甜圈……"

诺米听着学习部的小伙伴们在台上流利地发表着自己的观点，心里狂竖大拇指。但车尔摩斯要求大家继续"雕琢"，看看如何能在看似完美的方案中再发现问题。

玉不琢不成器，同学们在随后的讨论中还真发现了方案的各种缺失。等纪律部小伙伴们登场的时候，诺米觉得方案变得更加完善且亮点频现。认真听着车尔摩斯对大家的指导，诺米暗自学习着车尔摩斯引导的方式与方法。因为有大家不断补充的方案，在最后一个部门展示时，策划书已经有了雏形。

"除了大家刚才讨论到的方面，我们部门建议思考以下几个方面。一是认真观察选定里院的地理位置、外观构造；二是与住户交谈，努力挖掘里院的老故事；三是升级后的里院有哪些改变与保留；四是体会里院生活的便捷性与不便之处；五是观察改造后的里院传承及发展目标是否实现。"

车尔摩斯边听边点头微笑，显然对于这个最终版的方案，她是满意的。"体育部对里院的探寻做了翔实和深入的思考，建议大家都带着问题去探寻，会更有目标性，有助于我们更好地了解里院……"

一场策划会总算有惊无险地结束了。后背汗湿的诺米长吁一口气，尽管自己提前预设了很多问题，在家里一遍又一遍地练习自问自答，但谁知道大家的脑袋是怎么想出这些奇怪的问题的！

"诺米，这样的策划会太有意思了，比之前提前确定好的班会好玩多了，大家都能随意发表自己的观点，咱们以后的班会都改成这个样子就好了！"好友笑嘻嘻高兴地跑过来，拉着诺米的手不停地说道。

半睁着一双因查阅资料而困到发直的眼睛，诺米默默吐槽："笑嘻嘻，一点也不好玩，我现在只想睡觉。"

经历过准备会和策划会的诺米，深切地体会到一点：站在台上，任何即兴的精彩呈现，都源于充分的准备和知识的积累。真是台上一分钟，台下十年功啊。

总之，虽说过程有点痛苦，但结果还算完美。同学们一起愉快地策划了暑假实践活动，一起探讨了里院的知识，并已经开始期待里院文化探寻之旅，期待去真正体会里院的精神内涵，了解自己的家乡美。

四、期待

放假的日子一天天临近，虽然还有让人欢喜让人忧的期末考试，但诺米想想忧愁过后的美丽假期，往年的吃喝玩乐照旧，加上今年大家相约的里院之旅，忧愁再多也值了！

翻看着手中讲述青岛历史的杂志，想着诺米妈曾对自己说过的话：里院作为青岛城市历史建筑的重要组成部分，是历史留给我们的宝贵财富。一座没有历史的城市是空洞的，一座忽视历史的城市更是可悲的。

来吧，带着对历史的敬畏，带着对未来的畅想，诺米期待着假期更深入地走近里院，走进这些见证了青岛普通人的喜怒哀乐、为无数平凡人遮风挡雨的红瓦房！里院探寻，漫漫旅途，心向往之！

不负韶华行且知

嗨，小伙伴们！时隔一年，我们又在这里"云相见"啦。自从《诺米出蒸》出版后，有很多小伙伴催更："诺米，下次出蒸是什么时候？""诺米，赶紧写，我们还等着看呢！""诺米，除了书中的故事，你还有哪些没写出来的事儿，给我们讲讲呗！"……其实，除了正文里的故事，我精彩纷呈的生活中确实还有很多有意义的事情。

刚刚结束的四年级，我就有太多的新体验。除了熟悉的主持角色，我还尝试了演讲、做节目嘉宾以及出演舞台剧等多种形式的活动，期间有激动兴奋，也有感悟收获。印象最深的是出演舞台剧《地球上的星星》时，我一直找不对感觉，老师哭笑不得地说："诺米，你扮演的是患儿的妈妈，是带孩子去看病的，不是来医院做主持人的。"老师的一句话令我茅塞顿开，找到了自己表演的症结所在。通过舞台剧的演出，我体会到了不同的情感，拥有了不断尝试和突破的勇气。还有第一次作为嘉宾与主持人连线录制访谈节目，主持人的从容让我近距离地理解了什么是"冰冻三尺，非一日之寒；滴水石穿，非一日之功"。一次次全新体验为我打开了一扇扇崭新的大门。

　　除了自我体验，我还和唐果果、笑嘻嘻、周周、李大侃等一众小伙伴们参加了各种社会实践：雷锋月的"盲道随手拍"调查活动中，我们第一次站在视力障碍者的视角去看问题；致敬抗疫英雄MV录制，让我们向最美逆行者表达着自己心中的感激；寻访身边优秀共产党员活动，让我们懂得了共产党员的伟大与坚韧；给红色电影配音，让我们重温战火纷飞时代的经典；为老师敬献束脩六礼，让我们以传统方式谢师恩；还有里院文化探寻之旅的活动；等等。这些丰富多彩的活动，也让我们的人生体验越来越厚重，让我们的思想不再局限于一个平面，而是畅想无限可能。

　　有无限可能的不只是思想，还有平日里的一次次挑战。记得去年冬天有一段时间特别忙碌，比赛、采访、会议、主持、舞台剧、考试等诸多事情都赶在了一起。其实这样的"热闹"每年都会有。以前，我会手忙脚乱，甚至越忙越乱，以至于最后自己筋疲力尽，任务却完成得不够理想。这一年，车尔摩斯再次引导我按照轻重缓急将每件事情认真规划，合理分配时间，最终顺利完成了每项工作。大家有的说我像哪吒一样有三头六臂，也有的说我像八爪鱼，能八只手同时工作。面对他们的夸赞，我依然"心有余悸"。要知道车尔摩斯下过"最后通牒"，她说她从我第一次"出蒸"教到再"出蒸"，如果我还学不会管理时间的话，出门就不要说是她的学生！还好，我现在应该可以在外面大声喊"老师好"了。

　　未觉池塘春草梦，阶前梧叶已秋声。马上就要迈入五年级的门槛，不知道新的学年老师们会给我们带来哪些惊喜，我们又会有哪些有趣的成长故事；不知道被我们"作"没的竞选是否还会举行，我们的里院探寻之旅还有没有续集；不知道疫情是否会结束，又会有哪些科技被发明和应用……有太多的未知等待着我们去发掘，去探索。面对未知的五年级，我的兴奋多过紧张，期待大于无措。我想，无论时光怎么流转，我和唐果果、袁圈、李大侃、张小山等小伙伴们依旧会与大家一路相伴，为无数可爱的读者、也为自己留下一串串美好的童年记忆。对此，我满心欢喜与期盼。

希望你，我，我们，都可以在鲜衣怒马少年时，不负韶华行且知！

后记　不负韶华行且知